노릇노릇 구워 맛있게 즐기는
오븐 요리 레시피

쯔쯔미 히토미 지음 | 김수정 옮김

WILLSTYLE

Contents

들어가며 6

PART 1
재료는 2가지 이내로!
노릇노릇 심플 오븐 요리

{ 채소 X 채소 }

가지와 토마토 치즈 구이 13
잎새버섯을 곁들인 오븐 포테이토 15
머스터드 빵가루 순무 구이 17
로즈마리 풍미의 마 & 마늘 로스트 19
가다랭이포 크림을 얹은 통양파 로스트 21
레몬버터 주키니 구이 23
진한 향의 송이버섯 구이 25
바질페스토를 넣은 대파와 새송이버섯 구이 27
벌꿀요구르트 아보카도 구이 29
고르곤졸라를 올린 고구마 구이 31
된장 풍미의 연근과 실파 구이 33
콜리플라워 커민 치즈 구이 35

{ 고기 X 채소 }

돼지고기와 마늘 로스트 39
피망을 곁들인 탄두리 치킨 41
삼겹살로 돌돌 만 대파 구이 43
단호박과 소갈비 고추장 구이 45
닭날개 허브 소금구이 47
고기소를 채운 파프리카 구이 49
아프리카풍 라임 치킨 51

{ 어패류 X 채소 }

정어리와 토마토 허브 구이　55
매운 빵가루를 넣은 문어와 마 구이　57
크림소스를 넣은 연어와 양파 구이　59
허니머스터드 황새치와 방울토마토 그릴　61
타르타르 소스를 넣은 가리비와 피클 구이　63
브로콜리로 속을 채운 오징어 구이　65
바질페스토를 넣은 고등어와 죽순 구이　67

{ 다양한 베리에이션 }

토마토소스를 넣은 소시지와 렌틸콩 구이　71
마요네즈를 뿌린 아스파라거스와 달걀 구이　73
닭날개 벌꿀 마리네와 오렌지 구이　75
돼지고기 무화과롤 구이　77
호두버터를 채운 통새우 구이　79
양파 그라탱 수프　81
반숙 달걀을 올린 매시포테이토 크럼블　83

Column 1　준비도 필요 없이 뚝딱 만들 수 있는
노릇노릇 오븐 안주 요리　84

PART 2

쫀득쫀득, 따끈따끈!
오븐 요리의 스테디셀러 〈그라탱〉

감자와 엔초비 그라탱 86
마카로니 그라탱 88
새우와 순무를 넣은 토마토크림 그라탱 91
크림소스를 넣은 콜리플라워 그라탱 93
햄과 시금치 & 달걀 리치크림 그라탱 95
미트소스를 넣은 매시포테이토 구이 97
비프스튜풍 그라탱 98
소시지와 구운 채소 그라탱 100
대구와 감자 파슬리크림 그라탱 103
토란 술지게미 그라탱 105
키슈풍 그라탱 107
새우 도리아 109
다진 돼지고기와 병아리콩을 넣은 도리아 110

Column 2 한 번만 만들어보면 쉬운
화이트소스와 토마토소스 만들기 112

PART 3
손님 대접도 걱정 없다!
비장의 파티용 오븐 요리

프레쉬 토마토소스를 곁들인 밤 미트로프 114
닭날개 로스트 116
사과와 양파 로스트 포크 119
정어리와 엔다이브 구이 121
컬러풀 채소 구이 123
레드와인 닭고기 & 푸룬 구이 125
구운 양배추롤 126
파프리카를 올린 해초 도미 구이 128
지중해의 풍미 무사카 131
플라멩코 에그 133
민트소스를 뿌린 램찹 구이 135
꿀간장 돼지갈비 그릴 137

오븐 요리에 고소함과 쫀득함을 더해주는
치즈 가이드 138

PART 4
구워서 더욱 달콤하다!
향긋한 과일 디저트 오븐 요리

구운 사과 크럼블 140
마스카르포네 치즈 복숭아 구이 143
얇게 썰어 구운 애플파이 145
체리 클라푸티 146
오렌지 커스터드 그라탱 148
베이크 후르츠 151
블루베리 스위트 피자 153

요리 소요시간별 찾아보기 154

• 들어가며 •

재료를 가지런히 담아 오븐에 넣기만 하면 끝!
세상에서 가장 쉬운 오븐 요리 레시피

〈오븐 요리〉라고 하면 어렵고 번거로울 것 같아 망설이는 분들이 많습니다. 하지만, 사실 그렇지 않습니다. 재료 준비만 마치면 그 이후는 그저 오븐에 맡겨두기만 하면 되니까요. 가스레인지 조리처럼 미묘한 불 조절도, 타지 않을까 걱정돼 불 옆에 꼬박 붙어있을 필요도 없습니다. 오븐에 넣고 구워지는 동안 다른 일을 할 수 있으니 시간도 절약됩니다.

이 책에는 생각이 났을 때 바로 만들 수 있는 초간단 요리부터 오븐 요리의 스테디셀러인 따끈따끈한 그라탱, 손님 대접에 알맞은 메인 요리와 디저트까지, 오븐 요리를 충분히 맛볼 수 있는 레시피가 가득 담겨 있습니다. 지글지글 구워질 때 살아나는 감칠맛과, 눌은 곳과 그렇지 않은 곳의 식감 차이를 충분히 맛보면서 즐겨주세요.

노릇노릇 오븐 요리의 특징은?

재료가 가진 고유의 맛을 끌어냅니다

약간 타거나 눌은 부분이 오히려 감칠맛을 냅니다

한꺼번에 많은 양을 요리할 수 있습니다

오븐에서 천천히 가열하면 열이 균일하게 통과하기 때문에 단맛과 감칠맛을 끌어냅니다. 특히 고구마나 연근 등의 단단한 근채류와 덩어리 고기 조리에 좋습니다.

타거나 눌은 부분의 바삭한 식감이 그렇지 않은 부분과는 색다른 맛을 느끼게 합니다. 하나의 요리에서도 씹을 때마다 여러 가지 복잡한 맛을 즐길 수 있습니다.

오븐에서는 한꺼번에 많은 양을 요리할 수 있으므로 손님을 초대해도 걱정할 필요가 없습니다. 그릇에 재료를 담아 구워 그대로 내놓기만 해도 고급스러운 파티 요리가 완성됩니다.

맛있는 오븐 요리를 만드는 요령

1
우리 집 오븐의 특징을 파악합니다

오븐은 제품마다 차이가 있어서 온도를 올리는 법, 윗불과 아랫불의 화력, 열순환 방식 등이 제각각입니다. 오븐토스터도 마찬가지입니다. 같은 레시피로 만들어도 완성된 요리가 다를 수 있으므로, 우선 우리 집 오븐의 특징을 파악하는 것이 중요합니다.

2
오븐 예열은 확실하게 해둡니다

오븐의 예열이 부족하면 조리 중 오븐 안의 온도가 내려가 제대로 구워지지 않습니다. 온도가 내려가기 쉬울 때는 실제로 굽는 온도보다 약간 높은 온도로 예열해주는 것도 한 가지 방법입니다.

※ 예열은 보유 오븐의 방법을 따라주세요.

3
채소는 껍질째 구워줍니다

양파나 감자, 연근 등의 껍질이 있는 채소는 껍질을 벗기지 않고 구워주면 껍질 속에 증기가 차서 폭신하게 구워집니다. 또, 껍질 부분이 고소하게 구워지기 때문에 풍미도 좋아집니다.

4
오일로 코팅합니다

재료를 오일로 코팅해주면 채소에서 수분이 흘러나와 질퍽해지거나, 고기나 생선이 푸석푸석하게 말라버리는 것을 방지합니다. 바삭하게 굽고 싶을 때는 빵가루나 치즈를 뿌려주세요.

5
호일을 덮어줍니다

완성시간까지 많이 남아 있는데 표면이 타기 시작했다면 호일을 씌워주세요. 빈틈없이 덮지 말고 약간 큼직하게 잘라서 전체를 덮어주면 됩니다.

이 책에서는 오븐과 오븐토스터를 사용합니다.

이 책에서 소개하는 요리는 오븐과 오븐토스터로 만들었습니다. 오븐은 온도가 균일하므로 천천히 골고루 익습니다. 오븐토스터는 이미 익은 요리에 눌은 자국을 내거나 빨리 익는 재료를 구울 때 추천합니다.

눌은 자국을 내고 싶을 때는
오븐토스터

천천히 큰 재료를 구울 때는
오븐

요리할 때 여기를 보세요!
이 책을 사용하는 법

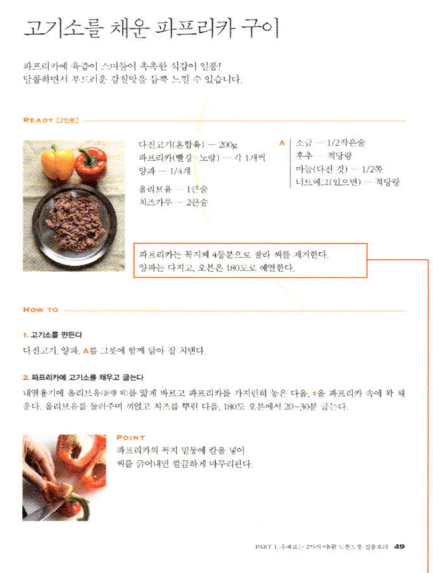

오븐 또는 오븐토스터에 넣고 구워야 할 시간을 나타냅니다. 단, 보유하고 있는 기종에 따라 차이가 있으므로 기준으로만 삼아주세요.

재료의 준비와 밑간의 과정을 표시합니다. 요리에 따라 전날부터 작업이 필요한 것도 있으므로 참고해주세요.

OVEN 200℃ 30 MIN : 오븐으로 구울 때의 온도와 굽는 시간을 표시합니다. 예열시간은 포함하지 않습니다.

TOASTER 10 MIN : 오븐토스터에서 구울 때의 굽는 시간을 표시합니다. 예열시간은 포함하지 않습니다.

OVEN 200℃ 15 MIN / TOASTER 20 MIN : 기본적으로 오븐에서 굽지만 오븐토스터에서도 구울 수 있을 때 표시합니다.

일러두기

- 재료의 분량은 기본적으로 2인분입니다. 단, 소량을 만들기 힘들 때는 2~3인분, 4인분 등으로 표시한 것도 있습니다.
- 1작은술은 5ml, 1큰술은 15ml, 1컵은 계량컵 200ml입니다.
  만드는 방법 설명 중 (분량 외)로 표기된 것은 재료에 소개된 분량 이외의 여분을 의미합니다.
- 오븐의 가열 시간은 전기오븐을 사용할 때를 기준으로 합니다.
  오븐의 기종이나 재료의 차이에 따라 굽는 시간이 달라질 수 있으므로 상태를 확인하면서 시간을 가감해주세요.
- 구이망이 없을 때는 튀김을 올리는 망 등 집에 있는 것을 사용하면 됩니다.
- 전자레인지의 가열시간은 600W를 기준으로 합니다. 500W라면 1.2배를 기준으로 시간을 조절해주세요.
  또, 기종이나 재료의 차이에 따라 가열 시간이 다소 달라질 수 있으므로 상태를 확인하면서 시간을 가감해주세요.
- 채소류는 특별히 지정하지 않았을 경우, [세척] [껍질 벗기기] [꼭지나 씨 제거하기] 등의 작업을 끝낸 이후의 순서를 설명하였습니다.
- 양념은 특별히 지정하지 않은 경우, 간장은 진간장, 밀가루는 박력분, 설탕은 백설탕을 사용하였습니다.
  후추는 흰후추, 흑후추를 취향대로 사용하세요.

PART 1

재료는 2가지 이내로!
노릇노릇 심플 오븐 요리

메인으로 사용하는 재료는 딱 2가지 이내!

채소를 천천히 구워주기만 해도 맛있지만,

고기와 생선을 더한다면 더욱 풍성한 요리가 됩니다.

노릇노릇 구워지며 우러나오는 재료 본연의 맛을 즐겨보세요!

깊은 맛이 우러난다!
채소 X 채소

가지와 토마토 치즈 구이
·
잎새버섯을 곁들인 오븐 포테이토
·
머스터드 빵가루 순무 구이
·
로즈마리 풍미의 마 & 마늘 로스트
·
가다랭이포 크림을 얹은 통양파 로스트
·
레몬버터 주키니 구이
·
진한 향의 송이버섯 구이
·
바질페스토를 넣은 대파와 새송이버섯 구이
·
벌꿀요구르트 아보카도 구이
·
고르곤졸라를 올린 고구마 구이
·
된장 풍미의 연근과 실파 구이
·
콜리플라워 커민 치즈 구이

OVEN 200°C **20** MIN / TOASTER **15~20** MIN

가지와 토마토 치즈 구이

따끈따끈한 가지, 즙이 가득한 토마토,
쫀득쫀득 입에 착 감기는 치즈까지, 환상의 조합입니다.

READY 【2~3인분】

가지 — 3개
토마토 — 4개
모짜렐라 치즈 — 100g
엔초비 — 3장

올리브유 — 2큰술
빵가루 — 3큰술

A | 허브믹스 — 1/2작은술
  | 소금 — 1/3작은술
  | 후추 — 적당량

가지를 두께 1cm로 비스듬히 잘라 5분 정도 물에 담가둔다.
토마토는 두께 1cm로 반달썰기 한다. 오븐은 200도로 예열한다.

HOW TO

1. 재료를 가지런히 담는다

마늘 1/2쪽(분량 외)의 자른 단면으로 내열용기를 문질러준 다음, 올리브유(분량 외)를 얇게 바른다(Ⓐ).
물기를 뺀 가지, 토마토, 치즈를 번갈아가며 가지런히 담고(Ⓑ), 엔초비를 손으로 찢어 넣는다.

2. 굽는다

1에 A를 뿌린 다음, 올리브유를 골고루 둘러주고(Ⓒ), 빵가루를 뿌린다(Ⓓ).
200도 오븐에서 20분 (또는 오븐토스터에서 15~20분) 정도 굽는다.

OVEN 180℃ 25~30 MIN

잎새버섯을 곁들인 오븐 포테이토

올리브유로 버무린 구운 감자와
바삭바삭한 잎새버섯의 식감까지 더해진 중독성 있는 감칠맛!

READY [2인분]

감자 — 3개(450g)
잎새버섯 — 200g
마늘 — 1쪽

A | 소금 — 1/2작은술
후추 — 적당량
올리브유 — 3큰술

감자는 껍질째 길쭉하게 썬 다음 5분 정도 물에 담근다.
잎새버섯은 작은 송이로 나누고, 마늘은 껍질째 가로로 반 자른다.
오븐은 180도로 예열한다.

HOW TO

1. 감자에 기름을 바른다

감자는 물기를 제거하고 그릇에 담아 A를 넣어 재빨리 섞는다.

2. 가지런히 놓고 굽는다

오븐판에 호일을 깔고 올리브유(분량 외)를 얇게 바른 다음, 1과 잎새버섯, 마늘을 놓는다.
180도 오븐에서 25~30분, 감자를 찔렀을 때 푹 들어갈 정도까지 굽는다.

POINT
감자를 올리브유로 버무려두면 바삭하게 구워진다.

OVEN 180℃ **15** MIN / TOASTER **15** MIN

머스터드 빵가루 순무 구이

씹을수록 서서히 느껴지는 순무 본연의 단맛을 느낄 수 있습니다.
홀그레인머스터드를 넣은 빵가루가 요리에 악센트를 줍니다.

READY 【2인분】

순무 — 4개

A | 화이트와인 — 1큰술
　| 소금, 후추 — 적당량

B | 빵가루 — 3큰술
　| 치즈가루 — 2큰술
　| 홀그레인머스터드 — 1작은술
　| 소금 — 1/3작은술
　| 후추 — 적당량
　| 올리브유 — 1큰술

순무는 줄기를 2cm 정도 남기고 껍질째 4~6등분으로 썬다.
B는 잘 섞어두고, 오븐은 180도로 예열한다.

HOW TO

1. 순무에 밑간을 한다
순무에 **A**를 바른다.

2. 굽는다
내열용기에 올리브유(분량 외)를 얇게 바르고 **1**을 담는다.
B를 골고루 얹은 다음, 180도 오븐에서 15분 (또는 오븐토스터에서 15분) 정도 굽는다.
탈 것 같으면 호일로 덮는다.

OVEN 200℃ **30** MIN

로즈마리 풍미의 마 & 마늘 로스트

아삭아삭한 마는 구우면 말랑말랑해집니다.
입에서 살살 녹는 마늘과 함께 드세요.

READY [2인분]

마 — 400g
마늘(껍질째) — 4쪽
로즈마리 — 2줄기

A | 소금 — 1/2작은술
후추 — 적당량
올리브유 — 1큰술

마는 껍질째 세로로 반 자른 다음, 5분 정도 물에 담가둔다.
오븐은 200도로 예열한다.

HOW TO

1. 마에 밑간을 한다
마의 단면에 2cm 간격으로 칼집을 내고 **A**를 순서대로 묻힌다.

2. 가지런히 담고 굽는다
오븐팬에 호일을 깔고 올리브유(분량 외)를 얇게 바른다. 1과 마늘, 로즈마리를 가지런히 담고 200도 오븐에서 30분 정도 굽는다. 그릇에 옮겨 담고 마늘을 으깨서 함께 먹는다.

POINT
마에 칼집을 내면 간이 잘 배고 빨리 익는다.

OVEN 230°C **40** MIN

가다랭이포 크림을 얹은 통양파 로스트

양파를 껍질째 구우면 자연스럽게 찜이 됩니다.
간장 맛 크림이 양파의 단맛을 더욱 돋보이게 해줍니다.

READY 【2인분】

양파 — 2개

A | 크림치즈 — 40g
가다랭이포(가쯔오부시) — 5g
간장 — 1작은술

오븐은 230도로 예열한다.

HOW TO

1. 양파를 굽는다

오븐판에 호일을 깐다. 별도의 호일로 원형 고리 2개를 만들어서 양파 받침대로 쓴다.
양파를 껍질째 올리고 230도 오븐에서 40분 정도 굽는다.

2. 마무리한다

1을 그릇에 담고 껍질을 벗긴다. 한데 섞은 **A**를 올린다.

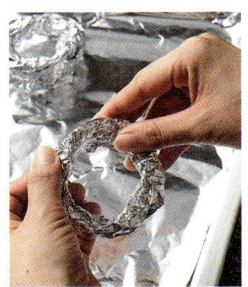

POINT
양파를 그냥 구우면 모양이 흐트러지므로
호일로 받침대를 만들어 올리면 좋다.

OVEN 200℃ **10** MIN + 220℃ **10** MIN

레몬버터 주키니 구이

케이퍼의 맛을 살린 레몬버터를 올려 구웠습니다.
소박한 맛의 주키니가 진한 풍미의 요리로 변신합니다.

READY [2인분]

주키니 — 2개
레몬(통썰기) — 4장

A | 버터 — 50g
케이퍼(다진 것) — 1큰술
레몬즙 — 1작은술
소금 — 1/4작은술
레몬껍질(간 것) — 적당량

주키니는 세로로 반을 잘라 씨를 숟가락으로 긁어낸 다음,
단면에 2cm 간격으로 비스듬하게 칼집을 넣는다.
A는 한데 섞고, 오븐은 200도로 예열한다.

HOW TO

1. 주키니에 레몬버터를 채워 넣는다
주키니 씨를 긁어낸 부분에 **A**를 채워 넣는다.

2. 가지런히 놓고 굽는다
내열용기에 **1**을 뒤집히지 않도록 잘 놓는다.
200도 오븐에서 10분, 220도로 온도를 올려서 10분 정도 더 굽는다.
그릇에 담고 레몬을 곁들인다.

TOASTER **10** MIN

진한 향의 송이버섯 구이

스페인의 전채요리 타파스처럼 부담 없이 먹을 수 있는 요리.
수분이 날아가 맛과 향이 한층 진해집니다.

READY [2인분]

송이버섯 — 10개

A | 마늘(간 것) — 1/2쪽
　 | 버터 — 3큰술(약 30g)
　 | 레몬즙 — 1작은술
　 | 치즈가루 — 1큰술
　 | 파슬리(다진 것) — 2큰술
　 | 빵가루 — 적당량

B | 소금 — 1/4작은술
　 | 후추 — 적당량

송이버섯의 대를 비틀어 제거한다.
A는 한데 섞고, 오븐토스터는 가볍게 예열한다.

HOW TO

1. 송이버섯에 소를 채워 넣는다

내열용기에 버터(분량 외)를 얇게 바른다.
송이버섯을 뒤집어서 가지런히 놓은 다음, **B**를 뿌리고 **A**를 채운다.

2. 굽는다

오븐토스터에서 10분 정도 굽는다.
중간에 탈 것 같으면 호일로 덮는다.

TOASTER **15** MIN

바질페스토를 넣은 대파와 새송이버섯 구이

구운 바질페스토의 고소함이 파와 새송이버섯에 스며들어
깊은 맛을 느끼게 합니다.

READY [2인분]

파 — 2대
새송이버섯 — 2개

올리브유 — 1큰술
빵가루 — 적당량

A | 바질페스토(시판) — 2큰술
　 | 마요네즈 — 3큰술

파는 길이 2cm, 새송이는 세로로 반 자른 다음 길이 2cm로 자른다.
A는 한데 섞고, 오븐토스터는 가볍게 예열한다.

HOW TO

1. 가지런히 담고 굽는다

내열용기에 올리브유(분량 외)를 얇게 바르고 파와 새송이를 가지런히 담는다.
올리브유를 둘러주며 끼얹은 다음, A를 얹고 빵가루를 뿌린다.
오븐토스터에서 15분 정도 굽는다.

OVEN 200°C **15** MIN / TOASTER **20** MIN

벌꿀요구르트 아보카도 구이

쫀득한 아보카도와 크리미한 요구르트의 조합.
그 진하고 고소한 맛을 즐겨보세요.

READY 【2인분】

아보카도 — 1개
소금 — 1/2작은술
꿀 — 1/2큰술

분말치즈 — 2작은술
굵은 흑후추, 민트 — 적당량

A | 플레인요구르트 — 1컵
　 | 마늘(간 것) — 약간

체에 키친타월을 깔고 **A**의 요구르트를 부어 3시간 정도 수분을 뺀 뒤 마늘과 섞는다. 아보카도에 세로로 칼집을 내고 비틀어서 씨를 빼낸다. 오븐은 200도로 예열한다.

HOW TO

1. 밑간을 한다

아보카도는 자른 단면에 격자무늬로 칼집을 넣은 다음, 소금을 뿌리고 꿀을 끼얹는다.

2. 굽는다

오븐판에 호일을 깔고 별도의 호일로 원형 고리 2개를 만든다(p.21 참고).
1을 올리고 **A**와 치즈를 뿌린다.
200도 오븐에서 15분 (또는 오븐토스터에서 20분) 정도 굽는다.
그릇에 담고 흑후추와 민트를 순서대로 뿌린다.

OVEN 170°C **60** MIN + 250°C **5** MIN

고르곤졸라를 올린 고구마 구이

고구마의 달콤함이 고르곤졸라의 맛과 환상적으로 어울립니다.

READY [4인분]

고구마 — 2개
고르곤졸라 치즈 — 60g

A | 생크림 — 2큰술
  | 꿀 — 1큰술

오븐은 170도로 예열한다.

HOW TO

1. 고구마를 굽는다

고구마를 껍질째 호일로 싼 다음 오븐판에 올리고, 170도 오븐에서 1시간 정도 굽는다.
고구마를 꺼내 호일을 펼친다.

2. 치즈를 올려서 한 번 더 굽는다

1을 세로로 반 자른 다음 단면에 치즈를 뿌린다.
A를 얹어 250도 오븐에서 5분 정도 더 굽는다.

된장 풍미의 연근과 실파 구이

한입 먹으면 된장의 구수함이 입안 가득.
눌어서 바삭한 부분과 아삭아삭한 연근의 식감도 훌륭합니다.

READY [2~3인분]

연근 — 400g
일본된장(미소) — 2큰술
실파 — 3뿌리
화이트소스(p.112 참고) — 약 200g
빵가루 — 적당량

연근은 껍질째 세로로 반을 잘라 5분 정도 물에 담가 놓는다.
실파는 폭 1cm로 자른다.
오븐은 200도로 예열한다.

HOW TO

1. 연근을 전자레인지에서 가열한다

연근의 물기를 빼고 내열용기에 담아 랩을 살짝 씌운 다음, 전자레인지에 넣어 6분 정도 가열한다.
단면에 된장을 바른다.

2. 가지런히 놓고 굽는다

내열용기에 버터(분량 외)를 살짝 바르고 **1**을 가지런히 놓는다.
화이트소스에 실파를 섞어 연근에 얹은 다음, 빵가루를 뿌린다.
200도 오븐에서 30분 정도 굽는다. 중간에 탈 것 같으면 호일로 덮는다.

OVEN 180℃ 15~20 MIN

콜리플라워 커민 치즈 구이

콜리플라워와 완두콩의 서로 다른 식감이 잘 어우러진 요리.
커민과 간 깨로 고소하게 완성했습니다.

READY [2인분]

콜리플라워 — 1/2개(150g)
완두콩(냉동) — 100g

올리브유 — 2큰술

A | 소금 — 1/3작은술
　| 후추 — 적당량

B | 커민시드 — 1작은술
　| 깨(간 것) — 1큰술
　| 마늘(간 것) — 1/2쪽
　| 치즈가루 — 2큰술

콜리플라워는 송이를 작게 잘라놓는다.
B는 한데 섞고, 오븐은 180도로 예열한다.

HOW TO

1. 콜리플라워와 완두콩을 섞는다

그릇에 콜리플라워와 완두콩을 담고 재빨리 섞은 다음 **A**를 뿌린다.

2. 굽는다

내열용기에 올리브유(분량 외)를 살짝 바르고 **1**을 넣은 다음, **B**를 붓고 잘 섞는다.
올리브유를 둘러가며 뿌리고 180도 오븐에서 15~20분 굽는다.

감칠맛을 끌어낸다!
고기 X 채소

돼지고기와 마늘 로스트
·
피망을 곁들인 탄두리 치킨
·
삼겹살로 돌돌 만 대파 구이
·
단호박과 소갈비 고추장 구이
·
닭날개 허브 소금구이
·
고기소를 채운 파프리카 구이
·
아프리카풍 라임 치킨

OVEN 200℃ **20** MIN

돼지고기와 마늘 로스트

넘쳐흐르는 육즙의 맛이 일품!
겉은 바삭바삭 고소하고, 속은 촉촉하고 쫀득쫀득합니다.

READY [만들기 편한 분량]

통삼겹살 — 500g
소금 — 2작은술
굵은 흑후춧가루 (또는 으깬 통후추) — 1큰술
마늘 — 1통

마늘은 껍질째 가로로 반 자른다.
오븐은 200도로 예열해둔다.

HOW TO

1. 고기를 재어 둔다
돼지고기에 골고루 소금과 흑후추를 뿌린 다음, 랩으로 싸서 한나절 정도 둔다.

2. 가지런히 놓고 굽는다
오븐판에 호일을 깔고 그 위에 구이망을 놓은 후, 랩을 벗긴 **1**과 마늘을 가지런히 놓고 200도 오븐에서 20분 정도 굽는다. 도중에 오븐판째 들어 방향을 바꿔주고 탈 것 같으면 호일로 덮는다.

3. 육즙을 안정시킨다
2를 오븐 안에서 20분 정도 안정시킨 후 꺼내서 고기를 1cm 두께로 썬다.
마늘과 함께 그릇에 잘 담아낸다.

OVEN 200℃ **25** MIN

피망을 곁들인 탄두리 치킨

양념장에 재어 두었다가 구워서 촉촉하고 부드럽습니다.
스파이시한 양념 덕분에 맥주와도 잘 어울립니다.

READY 【2인분】

닭날개 — 6개
소금 — 1/2작은술
피망 — 2개
홍고추 — 1개

A | 플레인요구르트 — 1컵
마늘(간 것) — 1쪽
생강(간 것) — 1쪽
카레가루 — 1.5큰술
가람마살라* — 1작은술
소금 — 1작은술
간장 — 1작은술
파프리카 파우더(있을 경우) — 1큰술

피망은 반으로 자른다.
오븐은 200도로 예열한다.

* '매운 혼합물'이라는 뜻의 인도 향신료. 계피, 카르다몸, 커민, 후추를 베이스로 한 다양한 버전이 있다.

HOW TO

1. 닭고기를 재어 둔다

닭고기에 소금을 뿌린다.
비닐팩에 홍고추와 A를 넣고 한데 섞은 다음, 닭고기를 넣어 봉지째로 주무르고 하룻밤 재어 둔다.

2. 가지런히 놓고 굽는다

오븐판에 호일을 깔고 구이망을 놓은 후, 양념장을 조금 닦아낸 닭고기를 구이망 위에 가지런히 놓는다.
200도 오븐에서 20분 구운 다음, 양념장을 약간만 바른 피망을 넣고 5분 정도 더 굽는다.
탈 것 같으면 호일로 덮는다.

POINT
잘 주물러서 재어 두면 양념이 잘 배고 고기도 부드러워진다.

OVEN 180°C **15** MIN

삼겹살로 돌돌 만 대파 구이

대파에 삼겹살을 돌돌 말아 굽기만 하면 완성!
재미있게 만들어서 맛있게 먹을 수 있는 간단 오븐 요리.

READY [2인분]

대파(흰부분) — 4개
얇게 썬 삼겹살 — 16장(200g)
유자후추 — 1/2큰술

A | 간장 — 1큰술
  | 맛술 — 2작은술

대파는 7mm 간격으로 비스듬하게 칼집을 낸다.
A는 접시에 넣고 섞고, 오븐은 180도로 예열한다.

HOW TO

1. 삼겹살로 대파를 말아준다

펼친 삼겹살에 유자후추를 뿌린 다음, 나선형으로 대파를 감싸면서 말아준다.
A에 담갔다가 꺼낸다.

2. 가지런히 놓고 굽는다

오븐판에 호일을 깔고 구이망을 놓는다.
구이망에 **1**을 올리고 180도 오븐에서 15분 정도 굽는다.
도중에 한 번 뒤집는다.

OVEN 180℃ 15 MIN

단호박과 소갈비 고추장 구이

매콤한 고추장 양념을 발라 구운, 씹는 맛이 즐거운 소갈비 구이.
흰쌀밥과 함께 먹으면 더욱 풍성한 반찬이 됩니다.

READY 【2인분】

소갈비살 — 200g
소금, 후추 — 각 적당량
단호박 — 250g

굵은 고춧가루 — 적당량

A | 고추장 — 1큰술
참기름, 맛술 — 각각 1/2큰술
간장 — 2작은술
마늘(간 것) — 1쪽
생강(간 것) — 1쪽
굵은 고춧가루, 꿀 — 각각 1작은술
흰깨(간 것) — 1큰술

단호박은 씨와 속 부분을 제거하고 두께 1cm로 썬다.
오븐은 180도로 예열한다.

HOW TO

1. 고기를 재어 둔다

고기에 소금, 후추를 뿌린다.
비닐봉지에 A를 모두 넣고 한데 섞은 다음, 소고기를 넣고 1~3시간 재어 둔다.

2. 가지런히 놓고 굽는다

오븐판에 호일을 깔고 참기름(분량 외)을 살짝 바른다.
소고기를 가지런히 놓은 다음, 단호박을 올리고 180도 오븐에서 15분 정도 굽는다.
깔끔하게 모아서 접시에 올린 다음, 고춧가루를 뿌린다.

닭날개 허브 소금구이

허브향이 살아있는 짭짤한 맛이 일품!
닭날개 위에 얹은 소금 반죽은 떼어내고 드세요.

READY 【3~4인분】

닭날개 — 12개
올리브유 — 2작은술
아스파라거스 — 4개

레몬 — 2조각

A | 소금 — 100g
   | 달걀흰자 — 작은 것으로 1개 분량
   | 로즈마리 — 1줄기

닭고기에 올리브유를 바른다.
아스파라거스 밑동의 단단한 부분을 꺾은 다음, 아랫부분의 껍질을 벗겨서 으깬다. **A**의 로즈마리는 줄기에서 잎을 떼어내 나머지 **A**와 섞는다. 오븐은 200도로 예열한다.

How to

1. 닭고기에 소금 반죽을 올린다
오븐에 호일을 깔고 올리브유(분량 외)를 얇게 바른 다음,
닭고기를 가지런히 놓고 **A**를 2작은술씩 올려놓는다.

2. 굽는다
1을 200도 오븐에서 15분간 구운 후, 아스파라거스를 넣고 10~15분 정도 더 굽는다.
그릇에 담고 레몬을 곁들인다.

POINT
허브와 달걀흰자에 소금을 섞어 올려주기만 하면 끝.
소금이 적게 들고, 닭날개 전체를 감쌀 필요가 없어 쉽게 만들 수 있다.

OVEN 180°C **20~30** MIN

고기소를 채운 파프리카 구이

파프리카에 육즙이 스며들어 촉촉한 식감이 일품!
달콤하면서 부드러운 감칠맛을 듬뿍 느낄 수 있습니다.

READY [2인분]

다진고기(혼합육) — 200g
파프리카(빨강·노랑) — 각 1개씩
양파 — 1/4개
올리브유 — 1큰술
치즈가루 — 2큰술

A | 소금 — 1/2작은술
후추 — 적당량
마늘(다진 것) — 1/2쪽
너트메그(있을 경우) — 적당량

파프리카는 꼭지째 4등분으로 잘라 씨를 제거한다.
양파는 다지고, 오븐은 180도로 예열한다.

HOW TO

1. 고기소를 만든다

다진고기, 양파, **A**를 그릇에 함께 담아 잘 치댄다.

2. 파프리카에 고기소를 채우고 굽는다

내열용기에 올리브유(분량 외)를 얇게 바르고 파프리카를 가지런히 놓은 다음, **1**을 파프리카 속에 꽉 채운다. 올리브유를 둘러주며 끼얹고 치즈를 뿌린 다음, 180도 오븐에서 20~30분간 굽는다.

POINT
파프리카의 꼭지 밑동에 칼을 넣어
씨를 긁어내면 깔끔하게 마무리된다.

OVEN 200°C **15** MIN

아프리카풍 라임 치킨

라임을 넣어 개운하고 깔끔한 맛이 특징입니다.
칠리파우더로 매운맛을 살리면 더욱 맛있게 드실 수 있습니다.

READY [2~3인분]

닭다리살 — 500g

청고추 — 6개
칠리파우더 — 적당량
넘플라* — 1/2큰술

*잔물고기를 소금에 절여서 발효시킨
대표적인 태국 조미료.

A | 소금 — 1/2작은술
후추 — 적당량
라임즙 — 1/2컵(약 2개분)
마늘(간 것) — 1쪽
꿀 — 2큰술

A는 잘 섞고, 청고추는 송송 썬다.
오븐은 200도로 예열한다.

HOW TO

1. 닭고기를 재어 둔다
닭고기에 깊게 칼집을 내어 벌리고 A를 문질러 바른 다음, 2시간 정도 재어 둔다.

2. 가지런히 놓고 굽는다
오븐판에 호일을 깔고 **1**의 껍질 부분을 위로 하여 가지런히 놓은 후 200도 오븐에서 15분 정도 굽는다.
그릇에 담아 청고추를 올리고 칠리파우더를 뿌린다.
오븐판에 남아 있는 국물에 넘플라를 섞어서 뿌려준다.

고소함이 돋보인다!
어패류 X 채소

정어리와 토마토 허브 구이
·
매운 빵가루를 넣은 문어와 마 구이
·
크림소스를 넣은 연어와 양파 구이
·
허니머스터드 황새치와 방울토마토 그릴
·
타르타르 소스를 넣은 가리비와 피클 구이
·
브로콜리로 속을 채운 오징어 구이
·
바질페스토를 넣은 고등어와 죽순 구이

OVEN 200℃ **10~15** MIN / TOASTER **10** MIN

정어리와 토마토 허브 구이

정어리에 허브를 듬뿍 채워 굽기만 하면 완성.
고급 레스토랑 메뉴를 집에서 즐겨보세요!

READY 【2인분】

정어리 — 4마리
소금 — 1/2작은술
토마토 — 1개
마늘(편썰기) — 2쪽
잣 — 1큰술
바질 — 4장

올리브유 — 2작은술

A | 소금 — 1/3작은술
　 | 후추 — 적당량

머리와 내장을 제거한 정어리에 소금을 뿌려 10분 정도 둔다.
토마토는 7mm 정사각형으로 자른다. 오븐은 200도로 예열한다.

HOW TO

1. 정어리 속에 허브를 채운다

정어리는 소금물로 씻어 물기를 뺀다.
마늘, 잣, 손으로 잘게 찢은 바질을 정어리 뱃속에 채워 넣는다.

2. 토마토를 뿌려서 굽는다

마늘 1/2쪽(분량 외)의 단면으로 내열용기를 문질러준 다음, 올리브유(분량 외)를 얇게 바른다.
1을 넣고 **A**를 뿌린 다음, 올리브유를 끼얹고 토마토를 얹는다.
200도 오븐에서 10~15분 (또는 오븐토스터에서 10분) 정도 굽는다.
탈 것 같으면 호일로 덮는다.

OVEN 180℃ 7~8 MIN / TOASTER 10 MIN

매운 빵가루를 넣은 문어와 마 구이

고춧가루를 넣은 매콤한 빵가루를 올렸습니다.
싱싱한 문어와 따끈따끈한 마를 함께 즐겨보세요.

READY [2인분]

데친 문어 — 200g
마 — 200g
간장 — 1작은술

A │ 올리브유 — 1큰술
　│ 마늘(간 것) — 1/2쪽
　│ 고춧가루 — 적당량
　│ 빵가루 — 2큰술

문어는 폭 1.5cm로 자른다.
마는 2cm 정사각형으로 잘라 5분 정도 물에 담가놓는다.
오븐은 180도로 예열한다.

HOW TO

1. 밑간을 한다

그릇에 문어와 물기를 제거한 마를 담아 간장을 묻힌 후, **A**를 넣고 재빨리 섞는다.

2. 굽는다

내열용기에 올리브유(분량 외)를 얇게 바른다.
1을 넣고 180도 오븐에서 7~8분 (또는 오븐토스터에서 10분) 정도 굽는다.

TOASTER **12~15** MIN

크림소스를 넣은 연어와 양파 구이

새콤한 크림과 딱 어울리는 연어 요리.
마지막에 딜과 레몬을 넣어 북유럽의 맛이 느껴집니다.

READY [2인분]

생연어 — 2토막

양파 — 1/4개

화이트와인 — 1큰술
딜 — 2줄기
레몬껍질(채썰기) — 적당량

A │ 소금 — 1/3작은술
  │ 후추 — 적당량

B │ 생크림 — 3큰술
  │ 사워크림 — 50g
  │ 소금, 후추 — 각 적당량

연어를 2등분으로 자른 후 **A**를 뿌린다.
양파는 얇게 썰고, **B**는 잘 섞는다.
오븐토스터는 가볍게 예열한다.

HOW TO

1. 연어와 양파를 겹쳐 담고 굽는다.
내열용기에 버터(분량 외)를 얇게 바른 다음, 양파와 연어 순으로 겹쳐서 담고 와인을 뿌린다.
그 위에 **B**를 얹고 오븐토스터에서 12~15분 정도 굽는다.

2. 마무리한다
1을 꺼내놓고 가위로 자른 딜과 채썰기 한 레몬을 뿌린다.

POINT
사워크림과 생크림으로 간단하게 소스 완성.
그다음은 소스를 얹어서 굽기만 하면 끝!

TOASTER **6.5** MIN

허니머스터드 황새치와 방울토마토 그릴

담백한 생선과 새콤달콤한 소스의 조화.
고소하게 구운 다음, 치즈를 올려 한 번 더 구워냅니다.

READY [2인분]

황새치 — 2토막
방울토마토 — 6개
슬라이스 치즈 — 2장

A | 소금 — 1/4작은술
  | 후추 — 적당량

B | 홀그레인머스터드 — 1큰술
  | 꿀 — 2작은술
  | 간장 — 1작은술

황새치에 **A**를 뿌린다.
방울토마토는 반으로 자른다.
B는 잘 섞고, 오븐토스터는 가볍게 예열한다.

HOW TO

1. 가지런히 놓고 굽는다
오븐판에 올리브유(분량 외)를 얇게 바른 다음, 황새치를 가지런히 놓고 **B**를 바른다.
비어있는 곳에 방울토마토를 놓고 오븐토스터에서 5분간 굽는다.

2. 치즈를 올린 다음 한 번 더 굽는다
1에 치즈를 올린 다음, 치즈가 녹을 때까지 다시 1분 30초 정도 굽는다.
그릇에 담고 오븐판에 남아 있는 국물을 뿌려준다.

OVEN 230℃ **10** MIN / TOASTER **7~8** MIN

타르타르 소스를 넣은 가리비와 피클 구이

씹는 맛을 즐길 수 있는 두툼한 가리비에 새콤한 타르타르 소스를 더했습니다.
고온에서 재빨리 구워내 가리비가 살짝 설익도록 마무리해주세요.

READY [2인분]

가리비 관자 — 8개
오이피클 — 4개
양파 — 1/4개
빵가루, 버터 — 각 적당량

A | 소금 — 1/4작은술
　| 후추 — 적당량

B | 마요네즈 — 4큰술
　| 식초, 우유 — 각각 1큰술
　| 소금 — 1/3작은술
　| 후추 — 적당량

가리비 양면에 격자 모양으로 칼집을 낸 다음, **A**를 뿌린다.
피클은 얇게 썰고, 양파는 다진다. 오븐은 230도로 예열한다.

HOW TO

1. 타르타르 소스를 만든다
다진 양파와 **B**를 섞는다.

2. 올려놓고 굽는다
내열용기에 버터(분량 외)를 얇게 바른 후, **1**을 넣고 가리비를 올린 다음 피클을 얹는다.
빵가루와 버터를 뿌리고 230도 오븐에서 10분 (또는 오븐토스터에서 7~8분) 정도 굽는다.

POINT
가리비에 칼집을 넣으면 빨리 익고 맛도 잘 밴다.

OVEN 200℃ **20~30** MIN

브로콜리로 속을 채운 오징어 구이

오징어에 브로콜리와 빵가루를 섞어 채워 넣었습니다.
마늘과 치즈의 맛이 살아 있어 술안주로도 그만입니다.

READY [2인분]

오징어 — 2마리(작은 것은 4마리)
브로콜리 — 1/2개(150g)

A
빵가루 — 1/2컵
올리브유 — 3큰술
마늘(다진 것) — 1쪽
치즈가루 — 3큰술

B
소금 — 1/2작은술
후추 — 적당량
올리브유 — 2작은술

오징어는 몸통과 다리를 분리하고 창자를 제거한다.
다리는 끝을 잘라버리고 잘게 썬다. 브로콜리는 큼직하게 토막 낸다.
오븐은 200도로 예열한다.

HOW TO

1. 브로콜리로 소를 만든다

그릇에 오징어 다리, 브로콜리, **A**를 넣어 잘 섞은 후, 오징어 몸통에 채워 넣고 이쑤시개로 고정한다.
양면에 **B**를 묻힌다.

2. 굽는다

오븐판에 호일을 깔고 올리브유(분량 외)를 얇게 바른다.
1을 올리고 200도 오븐에서 20~30분 정도 굽는다. 먹기 좋게 잘라서 그릇에 담는다.

POINT
이쑤시개로 꿰매듯이 고정하여 소가 흘러나오는 것을 방지한다.

OVEN 180°C **15** MIN / TOASTER **15** MIN

바질페스토를 넣은 고등어와 죽순 구이

지글지글 배어 나온 고등어 기름과 고소한 바질페스토가 식욕을 불러일으킵니다.
동양적인 재료와 서양 소스의 완벽한 조합을 즐겨보세요.

READY [2인분]

자반고등어 — 반 마리
소금, 후추 — 각 적당량
죽순(물로 데친 것) — 작은 것 1개(120g)
바질페스토(시판) — 3~4큰술
치즈가루 — 1/2큰술
빵가루, 올리브유 — 각 적당량

고등어는 두께 2cm로 큼직하게 썰고,
껍질에 칼집을 한 줄 넣은 후 소금과 후추를 뿌린다.
죽순은 두께 7mm로 반달썰기 한다. 오븐은 180도로 예열한다.

HOW TO

1. 고등어와 죽순을 가지런히 놓는다

마늘 1/2쪽(분량 외)의 단면으로 내열용기 안을 문질러준 후, 올리브유(분량 외)를 얇게 바른다.
고등어와 죽순을 번갈아가며 놓는다.

2. 굽는다

바질페스토와 치즈를 올리고 빵가루를 뿌린 후, 올리브유를 끼얹는다.
180도 오븐에서 15분 (또는 오븐토스터에서 15분) 정도 굽는다.

콩, 달걀, 과일 그리고 빵!
다양한 베리에이션

토마토소스를 넣은 소시지와 렌틸콩 구이
·
마요네즈를 뿌린 아스파라거스와 달걀 구이
·
닭날개 벌꿀 마리네와 오렌지 구이
·
돼지고기 무화과롤 구이
·
호두버터를 채운 통새우 구이
·
양파 그라탱 수프
·
반숙 달걀을 올린 매시포테이토 크럼블

TOASTER **10** MIN

토마토소스를 넣은 소시지와 렌틸콩 구이

특별한 준비 없이 10분 만에 완성되는 초스피드 레시피.
바삭하게 구워진 소시지와 톡톡 씹히는 렌틸콩이 절묘하게 어우러집니다.

READY [2인분]

비엔나소시지 — 4개
렌틸콩(캔) — 200g
토마토소스(p.112 참고) — 약 400g
에멘탈 치즈 — 30g

오븐토스터는 가볍게 예열한다.

HOW TO

1. 렌틸콩과 토마토소스를 섞는다

그릇에 렌틸콩과 토마토소스를 넣고 재빨리 섞는다.

2. 소시지를 올리고 굽는다

내열용기에 올리브유(분량 외)를 얇게 바르고 **1**을 넣은 다음, 소시지를 올리고 치즈를 뿌린다.
오븐토스터에서 10분 정도 굽는다.

TOASTER **10** MIN

마요네즈를 뿌린 아스파라거스와 달걀 구이

마요네즈와 달걀로 깔끔해진 아스파라거스의 단맛을 즐겨보세요.
샐러드처럼 가벼운 맛입니다.

READY 【2인분】

아스파라거스 — 12개

달걀 — 1개
마요네즈, 파르메산 치즈, 굵은 흑후추 — 각 적당량

A | 소금 — 1/3작은술
  | 후추, 올리브유 — 각 적당량

아스파라거스 밑동의 단단한 부분을 꺾은 다음,
아랫부분 껍질을 벗기고 으깬다. 오븐토스터는 가볍게 예열한다.

HOW TO

1. 가지런히 놓고 굽는다
아스파라거스를 **A**로 재빨리 버무린 다음, 내열용기에 가지런히 담는다.
달걀을 깨 넣은 후 마요네즈로 선을 그어준다.
오븐토스터에 넣어 달걀흰자가 하얗게 될 때까지 10분 정도 굽는다.

2. 마무리한다
1을 꺼낸 다음, 필러를 이용하여 치즈를 갈아서 올려주고 흑후추를 뿌린다.

OVEN 180℃ **20** MIN / TOASTER **12~15** MIN

닭날개 벌꿀 마리네와 오렌지 구이

매콤달콤한 소스에 재운 닭날개를 오렌지로 산뜻하게 마무리했습니다.
넘플라와 고수의 이국적인 향을 즐겨보세요.

READY [2인분]

닭날개 — 8개
소금, 후추 — 각 적당량
오렌지 — 1개
고수 — 적당량

A | 꿀, 넘플라 — 각각 2큰술
　| 술 — 1큰술
　| 빨간고추(통썰기) — 2개
　| 마늘(간 것) — 1/2쪽
　| 올리브유 — 2작은술

닭날개는 반으로 잘라 소금과 후추로 간을 한다.
오렌지는 통째로 껍질을 칼로 벗긴 다음, 절반 정도는 속껍질도 벗긴다.
남은 과육으로 2큰술의 과즙을 짜서 A와 섞어 소스를 만든다.
오븐은 180도로 예열한다.

HOW TO

1. 닭날개를 재어 둔다
닭날개를 소스에 넣어 30분 정도 재어 둔다.

2. 포개서 굽는다
내열용기에 올리브유(분량 외)를 얇게 바른 다음, 오렌지 과육을 나란히 놓는다.
1을 올리고 180도 오븐에서 20분 (또는 오븐토스터에서 12~15분) 정도 굽는다.
마지막으로 고수를 올린다.

OVEN 180℃ **20** MIN / TOASTER **15** MIN

돼지고기 무화과롤 구이

진한 단맛이 나는 무화과는 의외로 돼지고기와 잘 어울립니다.
홀그레인머스터드의 부드러운 산미가 맛을 깔끔하게 잡아줍니다.

READY 【2~3인분】

구이용 돼지고기(얇게 썬 것) — 12장

무화과 — 3개
마늘(간 것) — 1작은술
올리브유 — 1큰술
빵가루 — 적당량

A | 소금 — 1/2작은술
후추 — 적당량
홀그레인머스터드 — 1큰술

A는 한데 섞는다. 무화과는 4등분으로 자른다.
오븐은 180도로 예열한다.

HOW TO

1. 무화과를 돼지고기로 만다

돼지고기를 펼쳐서 A를 바르고 무화과를 올려놓고 말아준다.

2. 가지런히 놓고 굽는다

내열용기에 올리브유(분량 외)를 얇게 바른 다음, 1을 가지런히 놓고 마늘을 뿌린다.
올리브유를 전체적으로 둘러주고 빵가루를 뿌린다.
180도 오븐에서 20분 (또는 오븐토스터에서 15분) 정도 굽는다.

OVEN 220℃ 5~7 MIN / TOASTER 7~8 MIN

호두버터를 채운 통새우 구이

새우를 껍질째 구워서 부드럽고 촉촉합니다.
호두버터가 들어가 감칠맛과 고소함도 비교 불가!

READY 【3~4인분】

통새우 — 10마리
호두 — 40g

소금, 후추 — 각 적당량
레몬 — 적당량

A │ 버터 — 30g
│ 파슬리(다진 것) — 2큰술
│ 마늘(간 것) — 1/2쪽

통새우는 껍질째 등에 칼집을 내고 벌려준다.
약간의 소금(분량 외)과 전분을 섞어 문지른 후 씻어내고 물기를 뺀다.
오븐은 220도로 예열한다.

HOW TO

1. 호두버터를 만든다

호두를 굵게 다진 다음 **A**와 한데 섞는다.

2. 새우에 호두버터를 올려서 굽는다

오븐판에 호일을 깔고 올리브유(분량 외)를 얇게 바른 다음, 새우를 올리고 소금과 후추를 뿌린다.
벌어진 새우등마다 **1**을 균등하게 올려놓는다.
220도 오븐에서 5~7분 (또는 오븐토스터에서 7~8분) 정도 굽는다.
레몬을 짜서 뿌려준다.

OVEN 220℃ **15** MIN / TOASTER **20** MIN

양파 그라탱 수프

시간이 오래 걸리는 양파 그라탱 수프를 간단하게 만들어보았습니다.
바삭한 겉면을 흩뜨리면 쫀득쫀득한 바게트와 양파가 반겨줍니다.

READY 【2인분】

양파(대) — 1개
바게트 — 두께 2cm로 4장
마늘 — 1/2쪽
버터 — 2작은술

소금, 후추 — 각 적당량
간장 — 1/3작은술
피자 치즈 — 50g

A │ 뜨거운 물 — 2컵
　│ 간장 — 1작은술
　│ 콘소메 — 조금 모자란 1작은술
　│ 소금 — 1/2작은술

양파는 얇게 썬다. 마늘은 가로로 반을 자른 다음 단면을 바게트에 문질러 바른다. **A**는 한데 섞고, 오븐은 220도로 예열한다.

HOW TO

1. 양파를 볶는다

프라이팬에 버터를 녹인 다음, 센 불에서 양파를 볶는다.
5분 정도 볶고 나서 소금과 후추를 뿌리고 간장을 전체적으로 돌려주며 부은 다음 약간 태운다.

2. 굽는다

내열용기에 **1**과 **A**를 쏟아 넣은 다음, 바게트를 잠기도록 넣는다.
치즈를 뿌리고 220도 오븐에서 15분 (또는 오븐토스터에서 20분) 정도 굽는다.

OVEN 230℃ **10** MIN

반숙 달걀을 올린 매시포테이토 크럼블

부드러운 매시포테이토에 바삭바삭한 크럼블,
쫀득한 반숙 달걀까지 힘을 보탠 불평할 수 없는 최고의 맛!

READY 【2인분】

감자 — 3개(450g)
삶은 달걀(반숙) — 2개

【 크럼블 】
버터, 밀가루, 치즈가루 — 각각 30g

A | 우유 — 1/2컵
  | 버터 — 50g

B | 생크림 — 1/4컵
  | 소금 — 1/2작은술
  | 후추 — 적당량

감자는 한입 크기로 잘라 물에 5분 정도 담갔다가 물기를 제거한다.
크럼블을 만들 버터는 1cm 정사각형으로 잘라 밀가루, 치즈와 함께
그릇에 넣고 냉장고에 넣어 차갑게 한다. 오븐은 230도로 예열한다.

HOW TO

1. 매시포테이토를 만든다

감자는 소금을 적당량(분량 외) 넣은 물에서 삶는다. 물이 끓기 시작하고부터 10분간 삶는다.
뜨거운 물을 버리고 다시 불을 켜서 수분을 날린다.
감자를 으깬 다음 **A**를 넣고 약불에서 잘 치댄다. 불을 끄고 **B**를 넣는다.

2. 내열용기에 담는다

내열용기에 버터(분량 외)를 얇게 바르고 **1**을 담은 다음 삶은 달걀을 올린다.

3. 크럼블을 올려서 굽는다

차갑게 만든 크럼블 재료를 손가락으로 비비면서 섞어 소보로 상태로 만든다.
2에 뿌리고 230도 오븐에서 10분 정도 굽는다. 삶은 달걀을 잘라서 먹는다.

Column 1

준비도 필요 없이 뚝딱 만들 수 있는
노릇노릇 오븐 안주 요리

맥주나 와인의 안주로 안성맞춤인 오븐 요리 한 접시.
미리 준비할 필요도 없이 후닥닥 만들 수 있어 정말 편해요.
센스가 돋보이는 노릇노릇 안주를 모았습니다.

독특한 새콤달콤함이 술맛을 돋궈줍니다
생햄으로 돌돌 만 푸룬 구이

재료와 만드는 법 [2인분]

① 생햄 2~3장을 2~3등분으로 잘라 푸룬(말린 자두) 6개의 밑부분을 각각 감아준다.

② 1을 내열용기에 담아 적당량의 올리브유를 둘러주며 끼얹은 다음, 오븐토스터에서 5분 정도 굽는다.

라유를 넣어 매운맛을 살렸습니다
정어리 통조림과 청고추 라유 구이

재료와 만드는 법 [2인분]

① 청고추 4개에 대꼬치로 구멍을 뚫는다.

② 내열용기에 1과 정어리 통조림 1캔을 국물째 넣은 다음, 소금을 적당히 뿌린다. 마늘 간 것을 조금 뿌리고 라유(고추기름) 1/2작은술을 둘러주며 끼얹은 다음 오븐토스터에서 10분간 굽는다.

꿀을 뿌려 먹어도 맛있어요!
고르곤졸라 떡

재료와 만드는 법 [2인분]

① 절편 2개를 2cm 정사각형으로 자른다.

② 내열용기에 버터를 얇게 바르고 1을 넣은 다음, 고르곤졸라 치즈 30g을 올리고 굵은 흑후추를 뿌린다. 오븐토스터에서 7~8분 굽는다.

PART 2

쫀득쫀득, 따끈따끈!
오븐 요리의 스테디셀러 〈그라탱〉

가장 인기 있는 오븐 요리는 역시 그라탱!
오븐에서 갓 꺼낸 따끈따끈한 그라탱을 한입 가득 떠 넣으면
쫀득한 소스와 오동통한 속 재료의 절묘한 하모니를 느낄 수 있습니다.
기본 그라탱부터 응용 그라탱 레시피까지 풍성하게 담았습니다.

감자와 엔초비 그라탱   OVEN 200℃ **20 MIN**

얇게 썬 감자로 간단하게 만드는 그라탱.
노릇노릇한 겉면을 벗겨내면 진하고 따끈따끈한 속이 기다리고 있어요.

READY 【2~3인분】

감자 — 3개(450g)
엔초비 — 3장

소금, 후추 — 각 적당량
그뤼에르 치즈 — 60g
빵가루, 버터 — 각 적당량

A | 마늘(간 것) — 1쪽
  | 생크림 — 1.5컵

감자는 얇게 썰고, A는 잘 섞는다. 오븐은 200도로 예열한다.

HOW TO

1. 감자와 엔초비를 포개어 담는다

내열용기에 버터(분량 외)를 얇게 바르고 감자의 1/3을 가지런히 놓는다.(A)
1단을 놓았으면 소금, 후추를 뿌리고 엔초비의 1/2을 손으로 찢어 넣는다.(B)
이 작업을 한 번 더 반복한 다음, 남은 감자를 위에 올린다.

2. 전자레인지에서 가열한다

1을 랩으로 살짝 씌우고(C) 전자레인지에서 5분간 가열한다.

3. 굽는다

2를 꺼내 A를 붓고 치즈, 빵가루, 버터를 뿌린다.(D)
200도 오븐에서 노릇노릇해질 때까지 20분 정도 굽는다.

마카로니 그라탱

어릴 적 레스토랑에서 먹던 마카로니 그라탱.
부드러운 화이트소스가 그 맛의 비결입니다.

OVEN 200℃ **20** MIN / TOASTER **10** MIN

READY [2인분]

마카로니 — 50g
닭가슴살 — 1/2개(100g)
양파 — 1/4개
양송이버섯 — 4개

브로콜리 — 60g
화이트소스(p.112 참고) — 약 400g
소금, 후추 — 각 적당량
버터, 피자 치즈, 빵가루 — 각 적당량

닭가슴살은 한입 크기로 납작하게 썬다. 양파는 얇게 썰고 버섯은 4등분으로 자른다. 브로콜리는 작은 송이로 나눠서 소금물에 데친다. 오븐은 200도로 예열한다.

How to

1. 마카로니를 삶는다

마카로니는 소금을 적당량(분량 외) 넣은 끓는 물에서 포장지에 쓰인 표시보다 1~2분 짧게 삶는다. 체에 밭쳐서 흐르는 물로 식힌 다음, 물기를 빼고 샐러드유(분량 외)로 살짝 버무린다.

2. 닭가슴살과 채소를 볶는다

프라이팬에 버터 2작은술을 녹여 1분간 닭가슴살을 익힌 다음 뒤집는다. 여기에 양파와 버섯을 넣고 1분~1분 30초 볶고 소금과 후추를 뿌린다. **1**과 화이트소스의 반을 넣고 재빨리 섞는다.

3. 굽는다

내열용기에 버터(분량 외)를 얇게 바른 다음 **2**를 담는다. 물기를 뺀 브로콜리를 올린 다음 남은 화이트소스를 붓는다. 치즈, 빵가루, 버터를 뿌리고 200도 오븐에서 20분 (또는 오븐토스터에서 10분) 정도 노릇노릇해질 때까지 굽는다.

Point
마카로니끼리 서로 달라붙지 않도록 삶자마자 샐러드유로 버무린다.

OVEN 180℃ **15** MIN

새우와 순무를 넣은 토마토크림 그라탱

싱싱한 새우와 달콤한 순무, 새콤달콤한 토마토소스가 최고의 밸런스를 이룹니다!

READY 【2인분】

새우(블랙타이거) — 6마리
순무 — 3개
양송이버섯(흰색) — 6개
소금 — 1/3작은술
후추 — 적당량

버터, 치즈가루, 빵가루 — 각 적당량

A | 화이트소스(p.112 참고) — 약 100g
토마토소스(p.112 참고) — 약 200g

새우는 껍질을 벗기고 등을 갈라 내장을 빼낸다.
약간의 소금과 전분(분량 외)으로 주무른 다음, 물로 씻어내고 물기를 뺀다.
순무는 줄기를 2cm 정도 남기고 껍질째 8등분 하여 자른다.
송이버섯은 반으로 자른다. 오븐은 180도로 예열한다.

HOW TO

1. 새우와 채소를 볶는다
프라이팬에 2작은술의 버터를 녹인 다음, 새우와 순무, 버섯을 넣어 2분 정도 재빨리 볶고 소금과 후추를 뿌린다.

2. 굽는다
내열용기에 버터(분량 외)를 얇게 바른 다음 **1**을 담는다.
A를 잘 섞어서 붓고 치즈, 빵가루, 버터를 뿌린다.
180도 오븐에서 15분 정도 노릇노릇해질 때까지 굽는다.

OVEN 200℃ **15** MIN

크림소스를 넣은 콜리플라워 그라탱

콜리플라워의 식감을 즐길 수 있는 그라탱.
약간 탄 부분의 고소함이 맛을 돋워줍니다.

READY [2인분]

콜리플라워 — 1개(300g)
화이트소스(p.112 참고) — 약 400g

버터 — 2작은술
소금, 후추 — 각 적당량
체다 치즈 — 50g

A | 달걀 노른자(있을 경우) — 1개 분량
  | 소금 — 1/3작은술
  | 머스터드 — 1작은술

콜리플라워는 큼직하게 썬다. 오븐은 200도로 예열한다.

HOW TO

1. 콜리플라워를 볶는다
버터를 녹인 프라이팬에 콜리플라워를 넣고 1분 정도 볶은 다음, 소금과 후추를 뿌려 재빨리 볶는다.

2. 소스를 만든다
화이트소스에 **A**를 넣고 잘 섞는다.

3. 소스와 함께 굽는다
내열용기에 버터(분량 외)를 얇게 바른 후 **1**을 담고 **2**의 반을 부어 잘 섞는다.
남은 **2**를 붓고 치즈를 뿌린다. 200도 오븐에서 15분 정도 노릇노릇해질 때까지 굽는다.

OVEN 180℃ **20** MIN

햄과 시금치 & 달걀 리치크림 그라탱

화이트와인과 치즈가 들어간 소스로 한층 업그레이드된 맛!
쫀득하게 감기는 진한 크림 맛이 황홀합니다.

READY [2인분]

블록햄 — 200g
시금치 — 1단
삶은 달걀 — 2개
양파 — 1/4개

화이트와인(셰리주를 쓰면 더 좋다) — 3큰술
화이트소스(p.112 참고) — 약 400g
그뤼에르 치즈 — 50g
올리브유 — 2작은술
빵가루, 버터 — 각 적당량

햄은 1cm 정사각형으로 썰고, 양파는 얇게 썬다. 삶은 달걀은 반으로 자른다.
시금치는 잘 씻은 다음 물기를 빼지 말고 랩으로 싸서 전자레인지로 2분~2분 30초 가열한 후,
물에 담갔다가 물기를 짜고 3등분으로 자른다. 오븐은 180도로 예열한다.

HOW TO

1. 햄과 채소를 볶는다
프라이팬에 올리브유를 둘러 달군 다음, 양파와 햄을 재빨리 볶고 시금치도 넣어 볶는다.

2. 소스를 만든다
냄비에 화이트와인을 끓이다가 양이 반 정도로 줄었으면 화이트소스를 넣고 부드럽게 섞는다.
치즈도 넣고 녹인다.

3. 굽는다
내열용기에 버터(분량 외)를 얇게 바른 다음, **1**과 삶은 달걀을 담는다.
2를 붓고 빵가루와 버터를 뿌린 후 180도 오븐에서 20분 정도 노릇노릇해질 때까지 굽는다.

OVEN 200℃ **15** MIN

미트소스를 넣은 매시포테이토 구이

매시포테이토와 미트소스의 조합.
바삭하게 익은 겉면은 참을 수 없을 만큼 고소합니다.

READY 【2인분】

감자 — 작은 크기로 3개(400g)
다진고기(혼합육) — 200g
표고버섯 — 4개
마늘(다진 것) — 1/2쪽

올리브유 — 2작은술
피자 치즈 — 60g

A | 소금 — 1/3작은술
  | 후추 — 적당량
  | 우유 — 2~2.5컵
  | 버터 — 3큰술

B | 소금, 후추 — 각 적당량
  | 토마토케첩 — 2큰술
  | 우스터 소스 — 1작은술

감자는 껍질째 씻어 키친타월로 싼 다음 랩으로 싼다.
전자레인지에 넣고 젓가락이 푹 들어갈 때까지 7~8분 가열한다.
표고버섯은 다지고, 오븐은 200도로 예열한다.

HOW TO

1. 매시포테이토를 만든다
감자는 한 김 식힌 후 껍질을 벗겨서 으깬다. 따뜻할 때 **A**를 넣고 부드럽게 섞는다.

2. 미트소스를 만든다
프라이팬에 올리브유를 넣고 달군 다음, 표고버섯과 마늘을 넣어 1분 30초 정도 볶는다.
다진고기를 넣고 2분 정도 더 볶는다. **B**를 넣어 섞는다.

3. 굽는다
내열용기에 버터(분량 외)를 얇게 바른 다음, **2**를 넣고 그 위에 **1**을 펼쳐 담는다.
치즈를 얹어 200도 오븐에서 15분 정도 노릇노릇해질 때까지 굽는다.

비프스튜풍 그라탱

정성을 다해 오랜 시간 푹 끓여낸 듯 깊은 맛.
크림치즈를 넣어 함께 드셔 보세요. 저절로 탄성이 터질 거예요.

OVEN 220℃ **15** MIN / TOASTER **10** MIN

READY 【2인분】

소고기(불고기용) — 250g

양파 — 1/2개
만가닥버섯 — 1팩
마늘(편썰기한 것) — 1쪽

버터 — 1큰술
생크림 — 3큰술
크림치즈 — 60g
빵가루 — 적당량

A │ 소금 — 1/3작은술
      │ 후추 — 적당량

B │ 데미글라스 소스(시판) — 약 290g
      │ 레드와인 — 75ml

소고기는 **A**로 밑간을 한다. 양파는 5mm 두께로 빗모양썰기 하고 만가닥버섯은 작은 송이로 나눠준다. 오븐은 220도로 예열한다.

HOW TO

1. 채소와 소고기를 볶는다

프라이팬에 버터를 녹이고 약불에서 마늘을 볶는다. 마늘 향이 나기 시작하면 중불로 바꿔 양파와 만가닥버섯을 넣고 재빨리 볶은 다음, 소고기를 넣어 2분 정도 볶는다.

2. 굽는다

내열용기에 버터(분량 외)를 얇게 바르고 **1**을 담는다. **B**를 잘 섞어서 붓고 생크림을 둘러가며 얹는다. 크림치즈와 빵가루를 뿌린 다음, 220도 오븐에서 15분 (또는 오븐토스터에서 10분) 정도 굽는다.

소시지와 구운 채소 그라탱

식감 좋은 채소를 듬뿍 담은 가을 느낌의 그라탱.
요구르트를 넣은 깔끔한 소스가 단맛을 더욱 돋보이게 합니다.

TOASTER **15** MIN

READY 【2인분】

비엔나소시지 — 4개
단호박 — 200g
고구마 — 200g
단밤 — 12개

소금 — 1/3작은술
후추, 치즈가루, 빵가루, 버터 — 각 적당량

A | 크림치즈 — 70g
플레인요구르트, 우유 — 각 2큰술
소금 — 약간
허브믹스 — 약간
마늘(간 것) — 1/2쪽

소시지는 폭 1cm, 단호박은 2cm 정사각형으로 썬다. 고구마는 두께 1.5cm로 십자썰기 하여 5분 정도 물에 담가둔다. **A**는 한데 섞고, 오븐토스터는 가볍게 예열한다.

HOW TO

1. 속 재료를 전자레인지로 가열한다

내열용기에 버터(분량 외)를 얇게 바르고 소시지, 단호박, 고구마, 단밤을 담는다. 랩을 살짝 씌우고 전자레인지에서 4분 가열한다. 소금, 후추를 뿌려서 재빨리 섞는다.

2. 굽는다

A를 **1**에 붓고 치즈, 빵가루, 버터를 뿌린 후 오븐토스터에서 15분 정도 노릇노릇해질 때까지 굽는다.

TOASTER 8 MIN

대구와 감자 파슬리크림 그라탱

담백한 대구와 감자는 황금의 조합.
파슬리를 넣은 화이트소스가 모양도 맛도 깔끔하게 만들어줍니다.

READY [2인분]

대구(싱겁게 간한 것) — 2토막
감자 — 1개
양파 — 1/2개

화이트소스(p.112 참고) — 약 400g
파슬리(다진 것) — 6큰술
빵가루, 피자 치즈, 버터 — 각 적당량

A | 화이트와인 — 2작은술
　| 후추 — 적당량

대구는 4등분으로 자른다. 감자는 껍질을 벗겨 빗모양썰기 8등분 한 다음, 물에 5분 정도 담가둔다.
양파는 얇게 썰고, 오븐토스터는 가볍게 예열한다.

HOW TO

1. 대구와 채소를 전자레인지에서 가열한다

내열용기에 버터(분량 외)를 얇게 바르고 대구, 감자, 양파를 가지런히 놓는다.
A를 뿌린 다음 랩을 씌워 전자레인지로 5~6분 가열한다. 국물이 너무 많이 나왔으면 조금 버린다.

2. 굽는다

화이트소스에 파슬리를 섞어 1에 붓는다.
빵가루, 치즈, 버터를 뿌리고 오븐토스터에서 8분 정도 노릇노릇해질 때까지 굽는다.

OVEN 200℃ **15** MIN / TOASTER **15** MIN

토란 술지게미 그라탱

술지게미의 향과 짙게 감도는 단맛이 일품인 일본식 그라탱.
겉은 노릇노릇, 속은 쫀득쫀득한 토란의 맛은 행복 그 자체입니다.

READY 【2인분】

토란 — 3개
브로콜리 — 1/3개
표고버섯 — 4개
술지게미* — 60g
밀가루 — 4큰술

두유 — 1컵
백된장 — 3큰술
버터 — 3큰술
빵가루 — 적당량

*곡식으로 술을 빚은 후에 술을 짜내고 남은 술 찌꺼기를 말하는 것으로, 일본 식자재 전문점에서 구입할 수 있다.

술지게미는 뜨거운 물 1/2컵에 30분 정도 담가놓는다.
토란은 껍질을 벗기고 3등분으로 통썰기 한 다음, 소금(분량 외)으로 문질러 진액을 씻어낸다.
브로콜리는 작은 송이로 나누고, 표고버섯은 반으로 자른다. 오븐은 200도로 예열한다.

HOW TO

1. 채소를 전자레인지에서 가열한다
내열용기에 버터(분량 외)를 얇게 바르고 토란, 브로콜리, 표고버섯을 넣은 다음, 랩을 살짝 씌우고 전자 레인지에서 5~6분 가열한다.

2. 소스를 만든다
술지게미를 부드럽게 치대서 페이스트 상태로 만든다. 냄비에 버터를 녹이고 밀가루를 볶은 다음, 술지게미 페이스트와 두유를 넣고 거품기로 섞는다. 끈끈해지면 불을 끄고 된장을 넣는다.

3. 굽는다
1에 2를 붓고 빵가루를 뿌린 다음, 200도 오븐에서 15분 (또는 오븐토스터에서 15분) 정도 노릇노릇해 질 때까지 굽는다.

POINT
술지게미는 뜨거운 물로 불려서 치댄다.
풀어지지 않을 경우엔 밀 방망이 등으로 으깨가면서 치대면 된다.

OVEN 180℃ **30~40** MIN

키슈* 풍 그라탱

동양의 식재료와 카레, 달걀로 만든 맛있는 도리아.
영양 높은 건더기가 듬뿍 들어 있어 속이 든든합니다.

*햄, 양파, 크림 등으로 만든 파이.

READY [2인분]

파 — 1개
양파 — 1/2개
혼합콩 — 100g
우엉 — 50g
톳 — 10g

달걀 — 4개

올리브유 — 1큰술
소금 — 약간
좋아하는 치즈 — 60g

A | 소금, 후추 — 각 적당량
  | 카레가루 — 1/2큰술

B | 우유, 생크림 — 각 150ml
  | 소금 — 2/3작은술
  | 후추, 너트메그(있을 경우) — 각 적당량

**우엉 등을 잎 모양으로 얇게 엇비슷하게 써는 것.

혼합콩에 뜨거운 물을 재빨리 끼얹는다. 우엉은 깎아썰기**하고 5분 정도 물에 담갔다가 물기를 닦는다. 톳은 뜨거운 물로 살짝 데친다. 파와 양파는 얇게 썬다. 오븐은 180도로 예열한다.

HOW TO

1. 채소를 볶는다
프라이팬에 올리브유를 두르고 파와 양파를 넣은 다음 소금을 뿌리고 진한 갈색이 될 때까지 볶는다. 혼합콩, 우엉, 톳도 함께 볶고 **A**로 간을 맞춘다.

2. 달걀액을 만든다
달걀을 깨서 잘 풀어 **B**와 섞는다.

3. 굽는다
내열용기에 버터(분량 외)를 얇게 바르고 **1**을 펼쳐서 담는다.
2를 붓고 치즈를 뿌린 다음, 180도 오븐에서 30~40분간 굽는다.

TOASTER **10** MIN

새우 도리아

추운 날 생각나는 따끈따끈한 도리아.
소스 아래에 깔린 케첩 볶음밥이 입안에서 살살 녹아요.

READY 【2인분】

깐새우 — 80g
송이버섯 — 4개
양파 — 1/4개
밥 — 300g
토마토케첩 — 6큰술

화이트소스(p.112 참고) — 약 200g
버터 — 2작은술
피자 치즈, 빵가루 — 각 적당량

A | 소금 — 1/3작은술
  | 후추 — 적당량

새우의 등에서 내장을 제거하고 소금물로 씻는다.
송이버섯은 3등분으로 자르고, 양파는 굵게 다진다. 오븐토스터는 가볍게 예열한다.

HOW TO

1. 새우와 채소를 볶는다
프라이팬에 버터를 녹인 후 물기를 닦은 새우, 송이버섯, 양파를 1분 30초~2분 정도 볶는다.
볶은 것을 가장자리로 밀어놓고 토마토케첩을 넣는다. 보글보글 거품이 생길 때까지 볶는다.

2. 밥을 넣고 한 번 더 볶는다
1에 밥을 넣어 한데 볶고 **A**로 간을 맞춘다.

3. 굽는다
내열용기에 버터(분량 외)를 얇게 바르고 **2**를 펼쳐놓은 다음, 화이트소스를 붓는다.
치즈와 빵가루를 뿌리고 오븐토스터에서 10분 정도 노릇노릇해질 때까지 굽는다.

다진 돼지고기와 병아리콩을 넣은 도리아

밥에 넣은 간장과 레몬이 맛을 다잡아주어 크리미하면서도 뒷맛은 개운합니다.

TOASTER **10** MIN

READY [2인분]

다진 돼지고기 — 150g
병아리콩(캔) — 100g
소송채 — 3줄기
밥 — 300g

화이트소스(p.112 참고) — 약 200g
올리브유 — 1작은술
피자 치즈, 버터 — 각 적당량

A | 간장 — 1작은술
　| 레몬껍질(다진 것) — 1/4 개
　| 소금 — 1/3작은술
　| 후추 — 적당량

소송채의 밑동에 십자 모양으로 칼집을 넣어 잘 씻은 후, 물기를 닦지 말고 랩으로 싸서
전자레인지에서 1분 30초 가열한다. 바로 찬물에 담갔다가 꺼내 물기를 짠다.
병아리콩에 끓는 물을 재빨리 끼얹어 두고, 오븐토스터는 가볍게 예열한다.

HOW TO

1. 돼지고기와 병아리콩을 볶는다

프라이팬에 올리브유를 둘러 달구고 돼지고기와 병아리콩을 넣어 1분 30초~2분 정도 볶는다.
볶아진 재료를 그릇에 옮기고 밥과 **A**를 넣어 잘 섞는다.

2. 소스를 만든다

소송채는 송송썰기하여 화이트소스와 한데 잘 섞는다.

3. 굽는다

내열용기에 버터(분량 외)를 얇게 바른 다음, **1**을 펼쳐 담고 **2**를 얹는다.
치즈와 버터를 뿌리고 오븐토스터에서 10분 정도 노릇노릇해질 때까지 굽는다.

Column 2

한 번만 만들어보면 쉬운
화이트소스와 토마토소스 만들기

어렵게만 느껴지는 소스 만들기. 하지만 한 번만 제대로 만드는 법을 익혀두면 어렵지 않습니다. 냉동 보관하면 3주는 거뜬하니 한꺼번에 만들어서 보관하세요. 오븐 요리에 다양하게 활용할 수 있습니다.

화이트소스

재료 [완성 약 800g]

버터 — 4큰술
밀가루 — 6큰술
우유 — 3컵
생크림 — 1컵
소금 — 1작은술
후추, 너트메그 — 각 적당량

1 바닥이 두꺼운 냄비에 버터를 넣고 약한 중불로 녹인다. 버터가 완전히 녹았으면 밀가루를 넣는다.

2 가루기가 없어질 때까지 잘 볶는다.

3 끓기 직전까지 데운 우유(전자레인지에서 약 3분 가열)를 한꺼번에 붓는다.

4 중불에서 거품기로 빙글빙글 기운차게 섞는다.

5 끈적끈적해지면서 젓는 손의 느낌이 갑자기 가벼워지면 생크림, 소금, 후추, 너트메그를 넣어 간을 맞춘다.

※ 넓적한 접시에 담아 랩을 씌우고 한 김 식힌다.

토마토소스

재료 [완성 약 800g]

토마토 캔(으깬 것) — 2캔(약 800g)
양파(얇게 썬 것) — 1개
셀러리(얇게 썬 것) — 1대
마늘(으깬 것) — 1쪽
올리브유 — 1큰술
소금, 후추 — 각 적당량
바질 — 2줄기

1 바닥이 두꺼운 냄비에 올리브유를 넣어 달군다. 양파와 셀러리, 마늘을 넣어 재빨리 볶은 다음, 약간의 소금을 뿌린다.

2 1이 약간 부드러워졌으면 약불에서 뚜껑을 덮고 5분간 둔다.

3 2에 토마토를 넣고 뚜껑을 덮어 약한 중불에서 15분 정도 푹 익힌다. 때때로 섞는다.

4 3에 소금 1/2작은술과 후추를 뿌려서 간을 맞추고 손으로 찢은 바질을 넣는다.

보관 방법

지퍼락에 넣은 다음 납작하게 만들어 냉동한다. 사용할 때는 해동하되, 화이트소스는 거품기로 약간 치대면 좋다. 100g이나 200g씩 나눠서 보관하면 편리하다. 보관 기간은 약 3주간.

PART 3

손님 대접도 걱정 없다! 비장의 파티용 오븐 요리

손님 대접도 오븐 요리에 맡겨만 주세요.

준비를 마치고 오븐에 넣기만 하면 뒷일은 모두 오븐이 알아서 해줍니다.

오븐판에 척척 올려 굽는 것도 좋지만,

큰 접시에 구워 그대로 식탁에 올리면 더욱 풍성하게 즐길 수 있습니다.

모양과 맛 모두 한층 진화된 비장의 요리를 소개합니다.

프레쉬 토마토소스를 곁들인 밤 미트로프

육즙이 가득한 미트로프는 파티 요리의 오랜 스테디셀러.
다 구웠으면 한나절 정도 그대로 두세요. 더욱 촉촉해진답니다.

OVEN 210℃ 20~25 MIN

READY 【21x7x5cm의 틀 1개분】

* 향긋한 매운 맛의 채소. 우리나라에서는 물냉이라고도 부른다.

다진고기(혼합육) — 400g	베이컨 — 4장	**A** 달걀 — 1개
양파 — 1/2개	단밤 — 3알	빵가루 — 1/2컵
	메추리알(데친 것) — 3개	우유 — 3큰술
	푸룬(말린 자두) — 2개	소금 — 1작은술
	크레송* — 적당량	후추, 너트메그(있을 경우) — 각 적당량

양파는 다지고, 베이컨은 2등분으로 자른다. 오븐은 210도로 예열한다.

[프레쉬 토마토소스] 재료와 만드는 법

토마토 1개를 껍질째 간 다음, 소금 1/4작은술, 올리브유 1/2작은술, 후추 적당량을 넣고 섞는다.

HOW TO

1. 고기소를 만든다

큼직한 그릇에 다진고기, 양파, **A**를 넣고 잘 치대며 섞는다.(**A**)

2. 틀에 채워 넣는다

틀에 샐러드유(분량 외)를 얇게 바르고 베이컨을 깐다(**B**). **1**의 반을 담고 단밤, 메추리알, 푸룬을 번갈아 가면서 놓은 후(**C**), 나머지 **1**을 올리고 표면을 고르게 정돈한다(**D**). 틀을 요리대에 탕탕 떨어뜨려서 공기를 뺀다.

3. 굽는다

2에 호일을 씌우고 210도 오븐에서 20~25분 정도 굽는다. 호일을 씌운 채로 한 김 식을 때까지 두었다가 틀에서 꺼낸 다음, 원하는 크기로 잘라서 나눈다. 그릇에 보기 좋게 담고 프레쉬 토마토소스와 크레송을 곁들인다.

닭날개 로스트　OVEN 200℃　20~25 MIN

가지런히 놓고 굽기만 하면 보기 좋은 진수성찬 완성! 허브의 향을 살린 심플한 맛을 즐겨보세요.

READY 【2~3인분】

닭날개 — 6개

연근 — 200g
마 — 150g
파프리카(빨강·노랑) — 각 1/2개
자색양파 — 1/2개
새송이버섯 — 2개
블랙올리브 — 6개

A │ 소금 — 1/2작은술
  │ 후추, 파프리카 파우더 — 각 적당량
  │ 레몬(통썰기) — 4장

B │ 화이트와인 — 1큰술
  │ 허브믹스 — 1/2작은술
  │ 올리브유 — 1큰술
  │ 소금, 후추 — 각 적당량

닭날개는 뼈를 따라 칼집을 낸 다음 벌려준다. 연근과 마는 껍질째 두께 1.5cm로 반달썰기 한 다음, 5분 정도 물에 담근다. 파프리카는 2cm 정사각형, 자색양파는 두께 2cm로 썬다. 새송이버섯은 세로로 반을 잘라 3등분한다. 오븐은 200도로 예열한다.

How to

1. 닭날개에 밑간을 한다
닭날개는 **A**로 밑간을 하고 **1**시간 정도 둔다.

2. 채소에 간을 한다
물기를 뺀 연근과 마, 파프리카, 자색양파, 새송이버섯을 그릇에 넣고 **B**로 무친다.

3. 굽는다
오븐판에 호일을 깔고 **2**를 펼쳐 놓은 다음 **1**을 올린다. 200도 오븐에서 20~25분 정도 굽는다.

OVEN 130~140℃ 60 MIN

사과와 양파 로스트 포크

저온에서 구워 육즙이 살아 있는 로스트 포크.
사과의 달콤함과 향기가 그대로 전해지는 축축한 맛이 일품입니다.

READY [3~4인분]

돼지목살 — 600g
사과 — 2개
양파 — 2개

A | 소금 — 2작은술
후추 — 적당량
화이트와인 — 3큰술
마늘(으깬 것) — 1쪽
로즈마리 — 2줄기

B | 발사믹식초 — 3큰술
버터 — 1큰술

사과는 껍질째 2cm 정사각형으로 썰고, 양파는 빗모양썰기로 6등분 한다.
오븐은 130~140도로 예열한다.

HOW TO

1. 돼지고기에 밑간을 한다
돼지고기는 A로 밑간을 하고 1시간~하룻밤 두어서 간이 충분히 배도록 한다.

2. 굽는다
오븐판에 호일을 깔고 올리브유(분량 외)를 얇게 바른다. 1과 사과, 양파를 놓고 130~140도 오븐에서 1시간 정도 구운 다음, 오븐 안에서 20분 정도 그대로 둔다.

3. 소스를 만든다
작은 냄비에 B를 넣고 2분 30초 정도 부글부글 끓여서 소스를 만든다. 돼지고기를 썰어 나머지 2와 함께 그릇에 담고 소스를 끼얹는다.

정어리와 엔다이브 구이

엔다이브(꽃상추)를 구우면 김처럼 고소한 맛이 납니다.
찜 구이로 완성한 오동통한 정어리에서 바다내음이 물씬 풍깁니다.

READY [2인분]

정어리 — 4마리
소금 — 1/2작은술
엔다이브 — 200g
레몬 — 적당량

A | 올리브유 — 3큰술
　 | 후추 — 적당량

정어리는 머리와 내장을 제거한 다음 소금을 뿌려 10분간 둔다.
엔다이브는 손으로 찢는다. 오븐은 200도로 예열한다.

HOW TO

1. 재료를 가지런히 놓는다

오븐판에 호일을 깔고 약간의 올리브유(분량 외)를 얇게 바른다.
물기를 닦아낸 정어리를 가지런히 놓고 엔다이브를 덮어씌우듯이 올려놓는다.

2. 굽는다

1에 A를 뿌리고 200도 오븐에서 20분 정도 굽는다. 중간에 전체를 한 번 뒤집어준다.
그릇에 담고 레몬을 짜서 뿌려준다.

OVEN 180℃ **25** MIN

컬러풀 채소 구이

채소 본래의 단맛을 끌어내는 것은 오븐만의 장점입니다.
색의 균형을 맞춰가면서 가지런히 놓는 것이 포인트.

READY 【2~3인분】

주키니 — 1개
토마토 — 1개
파프리카(노랑) — 1개
자색양배추 — 1/2개
베이컨 — 4장
피자 치즈 — 60g
블랙올리브 — 6개
타임 — 2줄기
소금, 후추 — 각 적당량

A | 엔초비(다진 것) — 2장
  | 마늘(다진 것) — 1쪽
  | 올리브유 — 2큰술

주키니는 길이를 반으로 잘라서 5mm 두께로 썬다. 토마토는 5mm 두께로 썰고, 파프리카는 폭 2cm로 썬다. 자색양배추는 4등분으로 빗모양썰기 하고, 베이컨은 길이를 반으로 자른다.
A는 한데 섞고, 오븐은 180도로 예열한다.

HOW TO

1. 재료를 가지런히 담는다

내열용기에 올리브유(분량 외)를 얇게 바르고 채소와 베이컨을 순서대로 가지런히 담고 사이에 치즈를 끼운다.

2. 굽는다

올리브유를 뿌리고, 타임을 올린다.
소금, 후추와 한데 섞은 **A**를 뿌려 180도 오븐에서 25분 정도 굽는다.

OVEN 180°C **30** MIN

레드와인 닭고기 & 푸룬 구이

겉은 노릇노릇, 속은 촉촉한 치킨이 주인공입니다.
푸룬을 넣으면 한층 진한 맛이 우러나옵니다.

READY [2~3인분]

닭다리 — 2개

양파 — 1/2개
송이버섯 — 4개
푸룬(말린 자두) — 6개

버터 — 1작은술

A | 소금 — 2작은술
　 | 후추 — 적당량

B | 레드와인 — 1/2컵
　 | 꿀 — 1큰술
　 | 간장 — 1작은술
　 | 마늘(으깬 것) — 1쪽

닭다리는 2등분한다. 양파는 통썰기, 송이버섯은 반으로 자른다. 오븐은 180도로 예열한다.

HOW TO

1. 닭다리에 밑간을 한다

닭다리는 **A**로 밑간을 하고, 양파, 송이버섯, 푸룬과 함께 지퍼백에 담고 **B**를 넣어 1시간 정도 둔다.

2. 굽는다

내열용기에 **1**을 국물째 담고 버터를 뿌린다. 180도 오븐에서 30분 정도 굽는다.

POINT
양념이 전체에 닿을 수 있도록 가능한 평평한 상태로 둔다.

구운 양배추롤

누구나 좋아하는 양배추롤을 큰 접시에 듬뿍 올려 구웠습니다.
쫀득쫀득 노릇노릇. 재료의 좋음 점만 살려낸 요리입니다.

OVEN 180℃ **40** MIN

READY 【4인분】

양배추 — 8장
다진고기(혼합육) — 300g
양파 — 1/2개

토마토소스(p.112 참고) — 약 400g
화이트소스(p.112 참고) — 약 200g
피자 치즈 — 50g

A | 빵가루 — 3큰술
　 | 우유 — 2큰술
　 | 소금 — 1/3작은술
　 | 후추, 너트메그(있을 경우) — 각 적당량

양배추는 씻어서 물기를 빼지 말고 내열용기에 담아 랩을 씌우고 전자레인지에서 3분간 가열한다.
한 김이 식으면 심을 제거한다. 양파는 다지고, 오븐은 180도로 예열한다.

How to

1. 양배추로 고기소를 말아준다

큰 그릇에 다진고기, 양파, A를 넣고 잘 치대어 섞은 다음 8등분 한다. 양배추 중앙에 고기소를 올리고, 제거해 두었던 심도 올려서 양 끝을 접어 돌돌 만다. 다 말았으면 끝을 이쑤시개로 고정한다.

2. 굽는다

내열용기에 버터(분량 외)를 얇게 바른 다음, 토마토소스를 깔고 **1**을 올린다.
그 위에 화이트소스를 얹고 치즈를 뿌린 후에 180도 오븐에서 40분 정도 굽는다.

파프리카를 올린 해초 도미 구이

미역으로 감싸 구워 풍미와 맛이 천천히 배어들도록 했습니다.
싱그러운 바다 향을 풍부하게 느낄 수 있습니다.

OVEN 180℃ 30 MIN

READY 【4인분】

도미 — 4토막
소금 — 1작은술
미역(염장) — 200g(불려서 400g)
파프리카(빨강·노랑) — 각각 1/2개
파 — 1대

화이트와인 — 1큰술
간장 — 2작은술
버터 — 2큰술
폰즈 소스 — 적당량

큰 접시에 도미를 나란히 놓고 소금을 뿌려 10분간 두었다가 물기를 제거한다.
미역은 소금을 씻어내고 불린 다음, 뜨거운 물을 재빨리 끼얹고 큼직큼직하게 썬다.
파프리카는 굵게 다지고 파는 어슷썰기 한다. 오븐은 180도로 예열한다.

How to

1. 미역으로 도미를 싼다

오븐판에 쿠킹시트를 깔고 버터의 반을 바른 다음, 미역을 펼쳐놓는다.
그 위에 도미와 파를 올려서 감싸고 파프리카를 뿌린다.

2. 굽는다

1에 화이트와인과 간장을 뿌리고 나머지 버터를 올린 다음, 180도에서 30분 정도 굽는다.
그릇에 담고 취향에 따라 굵은 흑후추를 뿌린다.
오븐판에 국물이 남아 있으면 폰즈 소스와 섞어 뿌려준다.

OVEN 220°C 25 MIN

지중해의 풍미 무사카

서로 잘 어울리는 다진 고기와 가지를 겹쳐 굽는 지중해 요리.
요구르트 소스를 넣어 깔끔하게 먹을 수 있습니다.

READY 【3~4인분】

다진고기(혼합육) — 200g
가지 — 4개
달걀 — 1개
올리브유 — 2 큰술
파프리카 파우더(있을 경우) — 적당량
소금 — 1/2큰술
후추 — 적당량

A | 셀러리 — 1/4줄기
  | 양파 — 1/2개
  | 토마토페이스트 — 2큰술
  | 마늘(다진 것) — 1쪽

B | 플레인요구르트 — 1컵
  | 소금 — 1/3작은술

가지는 껍질을 줄무늬로 벗기고 대충 썰어 5분 정도 물에 담근다. 셀러리, 양파는 다진다.
오븐은 220도로 예열한다.

HOW TO

1. 다진고기와 채소를 볶는다

프라이팬에 올리브유를 넣고 달군 다음, **A**를 약불에서 천천히 볶는다.
향이 나기 시작하면 중불로 바꾸고, 다진고기를 넣은 다음 소금과 후추를 뿌린다.
물기를 닦아낸 가지와 파프리카 파우더를 넣어 3분 정도 볶는다. 물 1/2컵을 붓고 끓인다.

2. 소스를 만든다

달걀을 잘 풀고 **B**를 넣어 섞는다.

3. 굽는다

내열용기에 올리브유(분량 외)를 얇게 바르고 **1**을 넣은 다음, **2**를 붓는다.
220도 오븐에서 25분 정도 노릇노릇해질 때까지 굽는다.

TOASTER **10** MIN

플라멩코 에그

플라멩코 댄서의 의상처럼 화려한 색조의 요리.
달걀을 살짝만 익혀 채소에 묻혀드세요.

READY 【2인분】

파프리카(빨강) — 2개
양파 — 1/2개
완두콩(냉동) — 100g
생햄 — 2장
달걀 — 2개

마늘(으깬 것) — 1쪽
토마토소스(p.112 참고) — 약 200g
올리브유 — 2작은술
소금 — 1/3작은술
후추, 파프리카 파우더(있을 경우, 스모크향) — 각 적당량

파프리카는 폭 5mm, 양파는 2cm 정사각형으로 썬다. 오븐토스터는 가볍게 예열한다.

HOW TO

1. 채소를 볶는다

프라이팬에 올리브유를 넣어 달군 후, 약불에서 마늘을 볶는다.
마늘 향이 나기 시작하면 중불로 바꿔 파프리카, 양파, 완두콩을 넣고 3분 정도 볶은 다음, 소금과 후추를 뿌린다.
토마토소스를 넣어서 섞고 파프리카 파우더를 뿌린다.

2. 달걀을 깨 넣고 굽는다

내열용기에 올리브유(분량 외)를 얇게 바르고 **1**을 담는다.
달걀을 깨 넣고 생햄을 찢어서 올린 다음, 오븐토스터에서 10분 정도 굽는다.
취향에 따라 달걀을 으깨서 바게트에 찍어 먹어도 좋다.

OVEN 200℃ **10~15** MIN

민트소스를 뿌린 램촙* 구이

양고기 특유의 냄새를 치즈 가루가 완화해주고, 홀그레인머스터드가 맛을 돋워줍니다.
상큼한 민트소스로 손님 초대상이 더욱 세련되고 풍성해집니다.

*뼈가 붙어 있는 새끼 양의 갈비살.

READY 【2인분】

램촙 — 4대
홀그레인머스터드 — 2큰술
올리브유 — 1큰술

A | 소금 — 1작은술
  | 후추 — 적당량

B | 빵가루 — 50g
  | 치즈가루 — 40g
  | 마늘(간 것) — 1/2쪽

램촙은 실온에 30분 두었다가 **A**로 밑간을 한다. **B**는 한데 섞는다. 오븐은 200도로 예열한다.

[민트소스] 재료와 만드는 법

민트와 이탈리안 파슬리 각 5g씩을 다지고, 엔초비 1개는 칼등으로 다진다.
올리브유 3큰술, 레몬즙 2작은술, 마늘 간 것 적당량을 넣어 한데 섞는다.

HOW TO

1. 램촙에 홀그레인머스터드를 바른다

램촙의 한쪽에 홀그레인머스터드를 바른 다음 **B**를 양면에 묻힌다.

2. 가지런히 놓고 굽는다

오븐판에 쿠킹시트나 호일을 깔고 구이망을 올린 다음, **1**을 가지런히 놓는다.
올리브유를 둘러가며 끼얹고 200도 오븐에서 10~15분간 굽는다.

3. 마무리한다

2를 그릇에 담고 민트소스를 뿌려준다.

POINT
구이망에 올려서 구우면 여분의 기름이
떨어져서 바삭하게 완성된다.

OVEN 180°C **30** MIN

꿀간장 돼지갈비 그릴

양념에 재어 두었다가 굽기만 하면 풍성하고 화려한 갈비 요리가 완성!
좌르르 흐르는 윤기와 매콤달콤한 맛에 저절로 손이 갑니다.

READY 【3~4인분】

돼지갈비 — 600g
소금, 후추 — 각 적당량

고수 — 적당량

A | 양파(간 것) — 1/2개
간장, 꿀, 스위트칠리 소스 — 각 4큰술
오렌지주스(과즙 100%) — 1/4컵
흑초 — 1큰술
마늘(간 것) — 1쪽

A를 한데 잘 섞는다. 오븐은 180도로 예열한다.

HOW TO

1. 돼지갈비를 재어 둔다

돼지갈비는 뜨거운 물로 재빨리 데친 다음 물기를 닦고 소금, 후추를 뿌린다.
뜨거울 때 **A**에 넣어 1시간 정도 재어 둔다.

2. 가지런히 놓고 굽는다

오븐판에 호일을 깔고 구이망을 올린 다음, **1**을 가지런히 놓는다.
180도 오븐에서 30분 정도 굽는다. 탈 것 같으면 호일로 덮는다.
그릇에 담고 고수를 곁들인다.

오븐 요리에 고소함과 쫀득함을 더해주는
치즈 가이드

치즈는 종류에 따라서 풍미와 맛이 확 달라지므로,
요리에 따라 적당한 치즈를 알아두면 오븐 요리의 달인이 될 수 있습니다.

A
파르메산 레지아노 치즈

장기간 숙성시켜야 탄생하는 향이 좋은 치즈. 덩어리를 갈았을 때의 풍미와 감칠맛은 최고다. 다진고기 요리에 잘 어울린다.

B
블루 치즈 (고르곤졸라)

푸른곰팡이를 넣어서 숙성시킨 치즈로 강한 향과 성질이 독특한 존재감을 발휘한다. 감자류나 건과일 등 단맛이 있는 재료와 궁합이 좋다.

C
에담 치즈 (분말)

네덜란드에서 태어난 치즈. 덩어리는 빨간 왁스로 코팅되어 있다. 깔끔하고 가벼운 풍미가 특징으로 그라탱에 잘 어울린다.

D
그뤼에르 치즈

치즈퐁듀로 익숙한 치즈. 크리미하고 견과류처럼 감칠맛이 있으며 가열하면 맛이 더 좋아지기 때문에 그라탱에 잘 어울린다.

E
에멘탈 치즈

구멍이 뚫린 모양이 특징. 마일드하고 담백한 풍미와 단맛을 가지고 있고, 견과류 같은 향이 있다. 다른 치즈와 함께 쓰기도 한다.

PART 4

구워서 더욱 달콤하다!
향긋한 과일 디저트 오븐 요리

사각사각, 폭신폭신, 쫀득쫀득, 아삭아삭.
재미있는 식감과 두둥실 퍼져나가는 향기는
과일 오븐 디저트만의 즐거움!
구워서 더욱 달콤해진 과일의
살살 녹는 느낌도 최고입니다.

구운 사과 크럼블

천천히 정성을 다해 구운 사과가 입안 가득 달콤하게 녹아내립니다.
말린 과일과 바삭바삭한 크럼블이 멋진 조화를 이룹니다!

OVEN 180℃ 30 MIN

READY [4인분]

사과(홍옥) — 4개

오렌지필, 건포도, 건크랜베리 — 각 2큰술
호두 — 2큰술
꿀 — 1큰술
생크림, 시나몬파우더 — 각 적당량

A | 밀가루 — 30g
아몬드파우더 — 30g
수수설탕 — 30g
무염버터 — 30g

사과는 심을 제거하고(A), 대꼬치를 여러 군데 꽂거나(B) 세로로 칼집을 넣는다.
A의 버터는 1cm 정사각형으로 자르고, 나머지 A와 함께 그릇에 담아 냉장고에서 차갑게 한다.
호두는 살짝 볶아서 굵게 썬다. 오븐은 180도로 예열한다.

HOW TO

1. 크럼블을 만든다
차가워진 A를 손가락으로 비벼 섞어서 소보로 상태로 만든다(C).

2. 소를 만든다
오렌지필, 건포도, 건크랜베리를 굵게 썰어 호두와 함께 꿀로 버무린다(D).

3. 가지런히 놓고 굽는다
내열용기에 버터(분량 외)를 얇게 바르고 사과를 가지런히 놓는다. 심을 뺀 부분에 **2**와 **1**을 순서대로 채운다(E). 생크림과 시나몬파우더를 끼얹고(F), 180도 오븐에서 30분 정도 굽는다.

OVEN 250℃ **10** MIN

마스카르포네 치즈 복숭아 구이

진한 복숭아의 단맛을 상큼한 치즈의 산미가 정돈해줍니다.
척척 올려서 구워만 주세요. 세련된 디저트가 완성됩니다.

READY 【2인분】

백도(캔. 반 자른 것) — 2조각
콘플레이크 — 4큰술
마스카르포네 치즈 — 60g
타임 — 1줄기

A | 꿀 — 1큰술
생강즙 — 1작은술

타임은 잎을 훑어낸다. 오븐은 250도로 예열한다. **A**는 섞는다.

HOW TO

1. 재료를 그릇에 담는다

내열용기에 버터(분량 외)를 얇게 바른 다음, 백도를 담는다.
백도의 씨를 뺀 부분을 콘플레이크로 채운다. 치즈와 타임을 올린 다음, **A**를 끼얹는다.

2. 굽는다

250도 오븐에서 10분 정도 굽는다.

OVEN 200℃ 5~6 MIN + 190℃ 20~30 MIN

얇게 썰어 구운 애플파이

아삭아삭 씹는 즐거움이 살아있는 애플파이.
눌어붙어 캐러멜같이 향긋해진 설탕도 기분 좋은 느낌.

READY 【약 18cm 정사각형 파이 시트 1장분】

사과(홍옥) — 1개
파이 시트(시판) — 1장(150g)
달걀노른자 — 1개분
흑설탕 — 45g
무염버터 — 10g
시나몬파우더 — 적당량

파이 시트는 5분 정도 실온에 둔다.
사과의 심을 제거하고 아주 얇게 썬 다음, 약간의 레몬즙(분량 외)을 뿌린다.
오븐은 200도로 예열한다.

HOW TO

1. 파이 시트를 굽는다
파이 시트를 밀 방망이로 사방 20cm로 늘리고, 포크로 빈틈없이 찔러서 구멍을 낸다.
달걀노른자를 바르고 200도 오븐에서 5~6분 굽는다.

2. 사과를 가지런히 놓는다
1을 꺼내 부풀어 오른 부분을 스푼 뒷면으로 눌러 터뜨린다.
흑설탕의 반을 전체에 뿌리고 사과가 약간씩 겹치도록 놓는다.

3. 굽는다
오븐판에 쿠킹시트를 깔고 **2**를 올린 다음, 버터와 나머지 흑설탕을 뿌린다.
시나몬파우더를 뿌리고 190도 오븐에서 20~30분 굽는다.
그릇에 담고 취향에 따라 바닐라 아이스크림을 올린다.

체리 클라푸티

폭신폭신한 반죽과 체리의 새콤달콤함.
스푼으로 뜨는 그 순간이 너무나 행복합니다.

OVEN 200℃ 20 MIN + 180℃ 10 MIN

READY 【지름 16cm 용기 2개분】

다크체리(캔) — 16개
밀가루 — 30g
그래뉴당 — 60g

달걀 — 2개
생크림 — 1/4컵
우유 — 1컵

키르슈* — 2큰술
바닐라빈 — 1/2개
*버찌를 증류한 과일 브랜디.

달걀은 응어리 없이 푼다. 바닐라빈은 세로로 칼집을 넣은 다음, 안에 있는 씨를 칼로 긁어낸다.

HOW TO

1. 체리를 가지런히 담는다

내열용기에 버터(무염, 분량 외)를 얇게 바른 다음, 체리를 가지런히 담는다.

2. 달걀액을 만든다

그릇에 밀가루와 그래뉴당을 넣어 섞은 다음, 달걀, 생크림, 우유를 순서대로 넣고 섞는다. 키르슈와 바닐라빈을 넣어 섞고 **1**에 흘려 붓는다.

3. 굽는다

200도 오븐에서 20분, 180도로 온도를 내려서 10분 정도 표면이 노릇노릇해질 때까지 굽는다.

POINT
바닐라빈은 세로로 칼집을 넣은 다음, 칼끝으로 씨를 훑어서 꺼낸다.

오렌지 커스터드 그라탱

오븐에서 꺼내는 순간, 달콤한 향기가 집 안 가득!
따끈따끈 폭신폭신한 커스터드 소스가 견딜 수 없이 맛있어요.

OVEN 230℃ 10 MIN

READY 【18×13×3cm 용기 1개분】

오렌지 — 1개

A | 전자레인지 커스터드(아래 참고) — 전량
　　생크림 — 1/2컵
　　키르슈 — 1큰술

오렌지는 껍질과 속껍질을 벗기고 빗모양썰기 한다. 오븐은 230도로 예열한다.

HOW TO

1. 커스터드 소스를 만든다

A를 섞는다.

2. 굽는다

내열용기에 버터(무염, 분량 외)를 얇게 바른 다음, 오렌지를 나란히 놓고 1을 붓는다. 230도 오븐에서 10분 정도 굽는다.

만들기 어려운 커스터드 소스도 전자레인지라면 간단하게 완성!
전자레인지 커스터드

재료 【1회분】

밀가루 — 2큰술
바닐라빈 — 1/4개
우유 — 1컵

A | 달걀노른자 — 2개분
　　설탕 — 50g

B | 키르슈 — 1작은술
　　무염버터 — 1큰술

① 밀가루를 체 친다. 바닐라빈은 꼬투리에서 씨를 발라낸다(p.147 참고).

② 내열용기에 A를 넣고 거품기로 하얗게 될 때까지 저어준다(Ⓐ).

③ 밀가루를 체에 치면서 2에 넣은 다음(Ⓑ), 다시 섞고 우유를 넣어서 살짝 저어준다.

④ 바닐라빈도 넣어 섞은 다음(Ⓒ), 랩을 씌우지 않은 채 전자레인지에서 2분간 가열한다. 한 번 꺼내서 잘 섞은 다음, 같은 방법으로 2분 가열한 후에 B를 넣고 섞는다.

OVEN 180℃ 20 MIN

베이크 후르츠

진한 향과 달콤함을 느낄 수 있는 구운 과일.
과일에 생크림을 얹어서 굽기만 하세요. 금세 고급스러운 디저트가 완성됩니다.

READY [2인분]

서양배(캔, 세로로 반 자른 것) — 4조각
바나나 — 2개
건포도, 건크랜베리 — 각 2큰술
생크림 — 1컵

A | 그래뉴당 — 3큰술
  | 시나몬파우더 — 적당량

서양배는 2cm 정사각형, 바나나는 폭 2cm로 자른다. 오븐은 180도로 예열한다.

HOW TO

1. 과일에 간을 한다
그릇에 서양배와 바나나, 건포도, 건크랜베리를 한데 넣고 A로 버무린 다음, 10분간 둔다.

2. 굽는다
내열용기에 버터(무염, 분량 외)를 얇게 바른 다음, 1을 넣고 생크림을 끼얹는다.
취향에 따라 빵가루와 시나몬파우더를 뿌린 다음, 180도 오븐에서 20분 정도 굽는다.

OVEN 250~280℃ **10** MIN

블루베리 스위트피자

블루베리를 듬뿍 올린 디저트 피자.
흑설탕으로 깊은 맛을 살리고, 마무리에 럼주를 넣어 향을 더했습니다.

READY 【직경 15cm×2개분】

피자 시트 — 2장
블루베리 — 160g
버터 — 1큰술
흑설탕 — 4큰술
럼주 — 약간

오븐은 250~280도로 예열한다.

HOW TO

1. 피자를 만든다
피자 시트에 버터를 바른 다음, 블루베리를 올리고 흑설탕을 뿌린다.

2. 굽는다
오븐판에 쿠킹시트를 깔고 **1**을 올린 다음, 250~280도 오븐에서 10분 정도 굽는다.
럼주를 뿌려준다.

요리 소요시간별 찾아보기

※ 요리의 시간은 오븐 또는 오븐토스터에 넣고 나서 굽는 시간을 나타냅니다. 재료를 준비하는 시간은 포함하지 않습니다.

진한 향의 송이버섯 구이 (10min) — 25
매운 빵가루를 넣은 문어와 마 구이 (7~8min) — 57
허니머스터드 황새치와 방울토마토 그릴 (6.5min) — 61
타르타르 소스를 넣은 가리비와 피클 구이 (10min) — 63
토마토소스를 넣은 소시지와 렌틸콩 구이 (10min) — 71
마요네즈를 뿌린 아스파라거스와 달걀 구이 (10min) — 73
호두버터를 채운 통새우 구이 (5~7min) — 79
반숙 달걀을 올린 매시포테이토 크럼블 (10min) — 83
생햄으로 돌돌 만 푸룬 구이 (5min) — 84
정어리 통조림과 청고추 라유 구이 (10min) — 84
고르곤졸라 떡 (7~8min) — 84
대구와 감자 파슬리크림 그라탱 (8min) — 103
새우 도리아 (10min) — 109
다진 돼지고기와 병아리콩을 넣은 도리아 (10min) — 110
플라멩코 에그 (10min) — 133
마스카르포네 치즈 복숭아 구이 (10min) — 143
오렌지 커스터드 그라탱 (10min) — 148
블루베리 스위트 피자 (10min) — 153

머스터드 빵가루 순무 구이 (15min) — 17
바질페스토를 넣은 대파와 새송이버섯 구이 (15min) — 27
벌꿀요구르트 아보카도 구이 (15min) — 29
삼겹살로 돌돌 만 대파 구이 (15min) — 43
단호박과 소갈비 고추장 구이 (15min) — 45
아프리카풍 라임 치킨 (15min) — 51
정어리와 토마토 허브 구이 (15min) — 55
크림소스를 넣은 연어와 양파 구이 (12~15min) — 59
바질페스토를 넣은 고등어와 죽순 구이 (15min) — 67
양파 그라탱 수프 (15min) — 81
새우와 순무를 넣은 토마토크림 그라탱 (15min) — 91
크림소스를 넣은 콜리플라워 그라탱 (15min) — 93
미트소스를 넣은 매시포테이토 구이 (15min) — 97
비프스튜풍 그라탱 (15min) — 98
소시지와 구운 채소 그라탱 (15min) — 100
토란 술지게미 그라탱 (15min) — 105
민트소스를 뿌린 램촙 구이 (10~15min) — 135

~20 min.

가지와 토마토 치즈 구이 (20min) — 13
레몬버터 주키니 구이 (20min) — 23
콜리플라워 커민 치즈 구이 (15~20min) — 35
돼지고기와 마늘 로스트 (20min) — 39
닭날개 벌꿀 마리네와 오렌지 구이 (20min) — 75
돼지고기 무화과롤 구이 (20min) — 77
감자와 엔초비 그라탱 (20min) — 86
마카로니 그라탱 (20min) — 88
햄과 시금치 & 달걀 리치크림 그라탱 (20min) — 95
정어리와 엔다이브 구이 (20min) — 121
베이크 후르츠 (20min) — 151

~30 min.

잎새버섯을 곁들인 오븐 포테이토 (25~30min) — 15
로즈마리 풍미의 마 & 마늘 로스트 (30min) — 19
된장 풍미의 연근과 실파 구이 (30min) — 33
피망을 곁들인 탄두리 치킨 (25min) — 41
닭날개 허브 소금구이 (25~30min) — 47
고기소를 채운 파프리카 구이 (20~30min) — 49
브로콜리로 속을 채운 오징어 구이 (20~30min) — 65
프레쉬 토마토소스를 곁들인 밤 미트로프 (20~25min) — 114
닭날개 로스트 (20~25min) — 116
컬러풀 채소 구이 (25min) — 123
레드와인 닭고기 & 푸룬 구이 (30min) — 125
파프리카를 올린 해초 도미 구이 (30min) — 128
지중해의 풍미 무사카 (25min) — 131
꿀간장 돼지갈비 그릴 (30min) — 137
구운 사과 크럼블 (30min) — 140
체리 클라푸티 (30min) — 146

~40 min.

가다랭이포 크림을 얹은 통양파 로스트 (40min) — 21
키슈풍 그라탱 (30~40min) — 107
구운 양배추롤 (40min) — 126
얇게 썰어 구운 애플파이 (25~36min) — 145

~65 min.

고르곤졸라를 올린 고구마 구이 (65min) — 31
사과와 양파 로스트 포크 (60min) — 119

ZAIRYOU NARABETE KONGANRI YAKUDAKE RECIPE
by Hitomi Tsutsumi
Copyright © Hitomi Tsutsumi 2014
All rights reserved.
Original Japanese edition published by Shufunotomo Co., Ltd.
Korean translation rights © 2016 by WILLCOMPANY
Korean translation rights arranged with Shufunotomo Co., Ltd., Tokyo
through Botong Agency, Seoul, Korea

사진촬영 :: 스즈키 다이스케
스타일링 :: 모로하시 마사코
구성·글 :: 마츠바라 요우코
편집담당 :: 사사키 메구미

노릇노릇 구워 맛있게 즐기는
오븐 요리 레시피

초판 1쇄 발행 | 2016년 5월 20일
초판 4쇄 발행 | 2021년 1월 12일
지은이 | 쯔쯔미 히토미
옮긴이 | 김수정
펴낸곳 | 윌스타일
펴낸이 | 김화수
출판등록 | 제2019-000052호
전화 | 02-725-9597
팩스 | 02-725-0312
이메일 | willcompanybook@naver.com
ISBN | 979-11-85676-28-9   13590

이 도서의 한국어판 저작권은 Botong Agency를 통한 저작권자와의 독점 계약으로 윌컴퍼니가 소유합니다. 저작권법에 의해 한국 내에서 보호를 받는 저작물이므로 무단전재와 무단복제를 금합니다.

* 윌스타일(WILLSTYLE)은 윌컴퍼니(WILLCOMPANY)의 취미·실용 전문 브랜드입니다.

이 도서의 국립중앙도서관 출판예정도서목록(CIP)은 서지정보유통지원시스템 홈페이지(http://seoji.nl.go.kr)와 국가자료공동목록시스템(http://www.nl.go.kr/kolisnet)에서 이용하실 수 있습니다.(CIP제어번호: CIP2016010988)